ONE-MAN OPERATION

バル・ビストロ・レストラン

ワンオペ完全マニュアル

20店が実践する一人で店をまわすための仕事術

ONE-MAN OPERATION

料理もサービスも1人で行なう、いわゆるワンオペ店が注目を集めています。「人に気を遣わず、マイペースに営業したかった」、「一緒に働くスタッフが集まらなくて」、「自分1人の力でどこまでできるか、納得いくまでやってみたかった」など、そこに至る理由はさまざまですが、ワンオペを選択したオーナーシェフたちに共通するのが、「すべて1人でやることで、自然と料理やお客さまにまっすぐに向き合うことができるようになった」という、ポジティブな声。もちろん、1人で店のすべてをこなし、お客の期待に応え続けることは、簡単ではありません。ワンオペ営業を長く続けるには、料理人としての技量だけでなく、「限られた時間と手間で、いかに安定して高いパフォーマンスを発揮できるか」が求められるからです。本書に登場するのは、アラカルト主体のバルやビストロから、おまかせコースで勝負する中国料理店や日本料理店、高価格帯のレストランまで、料理ジャンルも客単価もさまざまな20店。ワンオペ営業を続けることで辿り着いた店作りのノウハウや工夫、時短テクなどの数々は、ワンオペ店に限らず、飲食店で働くすべての人の参考になるはずです。

ONE-MAN OPERATION

CONTENTS

撮影／天方晴子、伊藤高明、大山裕平、
合田昌弘、坂元俊満、
高見尊裕、宮本信義
デザイン／荒川善正（hoop.）
編集／淀野晃一

途中からワンオペに移行

※本書は『月刊専門料理』2021年1月号、2022年2月号、5月号、
6月号の記事に加え、新たに4店を取材・撮影して編集したものです。
※情報は取材時のもので、価格や営業時間、定休日など変更している場合があります。

ONE-MAN OPERATION

ワンオペ店を作るための

立地・物件選び

飲食店経営の成功の鍵である、立地と物件選び。自店のコンセプトに合った立地選びが重要なことは他の飲食店と同様だが、注目すべきは「ワンオペ営業は人件費がかからない」という点。固定費の中で大きな割合を占める人件費分のコストを、家賃に充てるという選択が可能なわけだ。物件規模に関しては、本書で登場する20店の平均は13.2坪で、5.6坪〜25坪まで大きな幅がある。「目が行き届く範囲の店を」と小規模物件を選ぶケースと、「ワンオペだからこそ、ストックスペースやバックヤードが必要」と広めの物件を選ぶケースに分かれるようだ。前者は導入できる厨房機器に制限が生まれる、後者は掃除が大変など、それぞれにメリット・デメリットがあり、どちらが正解ということもない。シミュレーションを重ねて、慎重に検討したい。

店作り・客席

調理とサービスを同時に行なうワンオペ営業では、まずはカウンターを軸とした店作りがオーソドックスなスタイルとなる。実際、本書で登場する20店中19店が、I型、コの字型、L型のいずれかのカウンターを設置。単に料理やドリンクをサーブしやすいだけでなく、作りたての料理を即座に提供できる、お客と距離が近いことで一体感が生まれやすい、といったメリットもあるようだ。ただしカウンターの特性上、3名以上の予約が入りづらいため、グループ客を獲得したい場合はテーブル席の導入も検討したい。なお、登場店20店の客席数の平均は11.25席。最小は6席、最大は21席だった。もちろん、すべての席を埋めるわけではなく、スムーズに営業するため「同じ時間帯の予約は3組まで」など予約をコントロールする場合が大半だ。

10のポイント

1人で店をまわすためには、どんなポイントがあるのか。この本に登場する20店の事例をもとに考えてみよう。

厨房

仕込み、営業問わず、店でもっとも多くの時間をすごす厨房は、日々ストレスなく動けるよう、自身の体形に合わせて設計したい。加えて、厨房内で複数人がすれ違うことのないワンオペ営業では、自分1人が動ける幅さえあれば基本的には充分。メインの立ち位置から客席全体が見渡せ、動線に無駄のないレイアウトが理想と言えよう。厨房機器に関しては、「人を雇わない代わりに、資金を惜しまず充実させる」というのも、一つの選択肢。「ワンオペをするうえで便利なアイテム」として、低温調理器と食器洗浄機を挙げるシェフも多い。前者は「加熱中つきっきりにならなくてよい」、後者は「ワンオペでいちばん大変なのが洗いものだから」というのがその主な理由。中には、食洗器を導入したことで帰宅時間が1時間早まったというケースも。

予約

電話以外に予約を受ける手段がなかったかつてに比べ、今はインターネットの予約サイトやSNSが充実しており、それがワンオペ営業をするうえで助けになっているのは間違いない。とくにおまかせコース1本の店では、好き嫌いやアレルギー食材の有無などを細かく確認する必要があり、聞き漏らしや書き損じといったミスも生まれやすい。それゆえ、電話対応の時間を削減し、またウェブシステム上やSNSに記録を残すため、予約をサイト経由やSNSのみに絞っているケースも増えているようだ。一方で、あえて電話のみにしているシェフも根強く、「声の感じから人物像をイメージしやすく、当日のサービスに役立てられる」、「事前に店のコンセプトを口頭で説明することで、お客の理解を促し、客層を絞れる」といったメリットが聞かれた。

ONE-MAN OPERATION

仕入れ・仕込み

1人ですべてを行なうワンオペ営業では、仕入れに多くの時間を割くことは現実的に難しく、卸業者から店に配達してもらうケースが大半だろう。自身の好みに合った食材を安定的に届けてもらうためにも、業者とは信頼関係を築いておきたい。ワンオペ営業の成否を分けると言っても過言ではないのが、日々の仕込み。定休日やまとまった時間のとれる日にソースや煮込み、パンやデザートといった“時間と手間のかかる大きな仕込み”を行ない、営業日には当日分の仕込みに注力するなど、2つに大別して考えるとよいだろう。営業直前の仕込みでは、「あとは器に盛るだけ」の状態まで仕込んでおけば、料理をよりスムーズに提供できる。なお、味わいが劣化しにくいものに関しては、冷凍保存が便利。そのために冷凍庫は充分な容量を確保したい。

料理・メニュー構成

メニューに関しては「アラカルトのみ」、「コースのみ」、「アラカルトとコース両方」の3パターンに大きく分かれるが、料理をテンポよく出すことだけを考えれば、おまかせコース1本に勝るものはないだろう。加えて、同時刻の一斉スタートにすれば、夜2回転させることも可能だ。ただし、ワンオペでは急な料理の差し替えといった不測の事態への対応がとくに難しいため、苦手食材やアレルギー食材の事前確認は徹底したい。アラカルトの場合は、「前菜3品と主菜1品」など注文数の目安を伝え、最初にすべての注文を取ることが、その後段取りよく料理を出すことにつながる。とはいえ、コースにしろアラカルトにしろ、すべての料理を一から作ってお客を待たせずに提供することは難しく、「温めるだけ、盛るだけ」の料理をうまく組み込みたい。

ドリンク

ワンオペ営業をはじめたばかりのシェフがとくに苦戦するのが、ドリンクのオーダーテイク。ソムリエやサービススタッフが1人でもいれば、お客に合わせたきめ細かな対応も可能だろうが、1人営業ではそうもいかない。ゆえに、ワインの特徴を詳細に書いたリストを作ったり、ボトル自体に直接値段を書いたりと、いかに口頭での説明を簡略化できるかがポイントとなる。その他、ビールを瓶のみにしてお客自身に注いでもらうスタイルにしたり、割りものを炭酸で割るだけのシンプルなものに絞ることで、営業中の手数を減らすケースも。そのつど追加注文を受けることなく、提供のタイミングをとりやすいドリンクペアリングもワンオペでは有効だが、ペアリングの杯数と比例して必要なグラスの数も増えることは、あらかじめ想定しておこう。

サービス

営業中の厨房と客席との行き来は、できるだけ最小限に抑えたいもの。カトラリーレストにあらかじめ多くのカトラリーをセットしたり、テーブルの引き出しに予備を揃え、自由に使ってもらえるスタイルにすると、サービスの手間を減らすことができる。カトラリーを使い慣れないお客用に、箸も用意しておけば万全だろう。また、水を瓶ごとテーブルに置いて自分で注いでもらう形にしたり、最初にジョッキに水をなみなみと注いで出すケースも。「できないことはしない」と割り切ることも、ワンオペ営業を続けるうえでのポイントだ。お客への料理説明に関しては意見が分かれ、「料理に集中するため必要最低限に留め、聞かれたら答える」シェフがいる一方、「自ら説明できることが、ワンオペの醍醐味」として徹底して細かく説明するシェフも。

片づけ・掃除

ワンオペ営業で一番大変なこととして、「閉店後の皿洗い」を挙げるシェフは多い。営業の合間をみてコツコツ洗ったとしても、ひとたび注文が集中すれば皿やグラスはたまる一方。多皿構成のコースに、さらにドリンクペアリングをつければ、その数も膨大になる——。高性能の食洗機をうまく活用するとともに、食器洗い中に「このままでは割りそう」と感じたら洗いものを翌日にまわすなど、その時の疲れやコンディションをみながら臨機応変に判断したい。店内の掃除に関しては、ロボット掃除機を活用するケースも。また、自らが行なう毎日の掃除とは別に、専門業者に定期的に依頼してグリストラップやダクト、ガス台、エアコンなどを徹底的に清掃してもらっているシェフも多い。掃除にかかる時間を、お金で買うという考え方だ。

体調管理

どれだけ効率化を図っても、料理の仕込みから仕上げ、サーブに加え、セッティングや掃除など店のいっさいを1人で行なうワンオペ営業は、ハードワーク以外のなにものでもない。自身以外に代えがきかないため、日々の体調管理は料理以上の最重要事項と心得よう。とくに食事に気を遣うシェフが多く、営業中に集中力を切らさぬよう1日1食の生活を続けるシェフや、スタミナ切れを防ぐべくプロテインを愛飲するシェフも。さらに、ふくらはぎにサポーターを着けて営業に臨んだり、入浴後に膝のアイシングをしたりと、さながらアスリートのよう。睡眠に関しては「最低6時間」といった目安を設けているシェフも多い。また、家では店のことは考えずにリラックスするなど、オンオフのメリハリをつけることも、メンタルを維持するのには有効である。

「料理の説明」がワンオペの醍醐味。
自ら料理し、自ら語るおまかせコースで、
九州の食材と食文化を表現する

01 Restaurant SNOW

レストラン スノゥ

住所／福岡市中央区高砂1-16-17
エスペランサ天神南
電話／092-707-2184
https://restaurant-snow.com

{ 福岡・高砂 }

福岡随一の繁華街・天神と博多駅を結ぶ大通りから1本入った路地沿いに、2020年7月に開業。修業先で出合った新北欧料理の哲学に倣い、「料理を通した郷土性の表現」をコンセプトとする。使う食材はほぼ100％九州産。メニューはおまかせコースのみで、昼は3850円（4～5品）、夜は9900円（10品）と1万3200円（16品）の2本。九州の郷土料理や珍しい九州食材を豊富に盛り込んで遠方客にも地元客にも興味深いコースを構成し、それぞれの食材、料理、器にまつわる多彩なエピソードを丁寧に伝えている。

海野元気（うんの）

1984年福岡県生まれ。調理師学校とそのフランス校卒業後、同国での研修を経て帰国。飲食店勤務の傍ら2007年ソムリエ資格を取得する。08年に再渡欧し、ベルギー「バルビゾン」で2年半、デンマーク「シュルロル・クロ」で1年間働く。帰国後、北海道「バンケット」で2年間、福岡のホテルで5年間勤務し、20年に独立開業。

1

2

3

1 陶器、ガラス、木材など建材の素材感を生かし、北欧風のニュートラルで自然な居心地のよさを意識した。リラックスして座れる肘かけ椅子も開業前からの希望を実現。料理と同じく空間も「郷土性」をテーマとし、家具や木材は地元・九州のものを多用している。2 備品や食材のストックスペースは基本的に写真奥のバックヤードだが、厨房でも収納力を重視。カウンター側に吊り棚を設置して本や小物を置いている。3 一方通行の静かな路地に面するマンション1階に立地。

店舗面積／17坪（うち厨房8坪）
席数／カウンター8席、テーブル6席
客単価／昼5000円、夜1万5000円

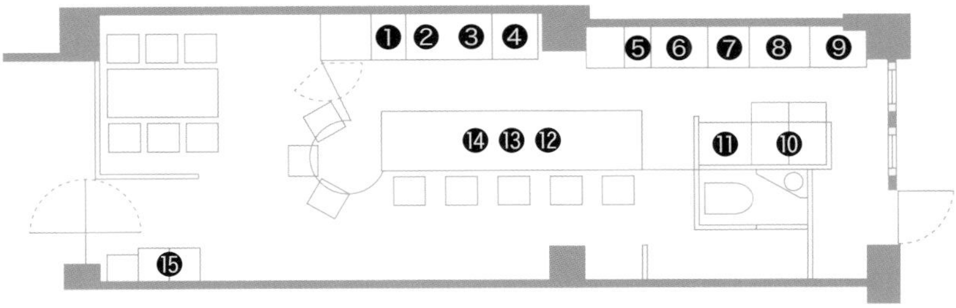

❶❺⓫シンク
❷台下オーブン
❸ガスコンロ
❹コンベクションオーブン
❻ドリンク用冷蔵庫
❼製氷機 ❽冷凍ストッカー
❾冷凍・冷蔵庫
❿食洗機
⓬コールドテーブル
⓭台下冷凍庫
⓮台下冷蔵庫
⓯ワインセラー

物件は繁華街以外で検討。天神や博多に近く、かつ落ちついた雰囲気の住宅地にある新築マンション1階の店舗物件に入居することができた。内外装のデザインは知人のアートレ建築空間に依頼。動線や収納力も重視して、厨房の半分ほどをお客から見えないバックヤードに充てた。作業台とカウンターは合わせて奥行1mになるよう設計。カウンターは会社員の知人が製作してくれた。

ブランディングは友人のパートナーとともに行なう

高校の同級生でセレクトショップHUESオーナーの岩丸 一氏をパートナーに迎えて店名ロゴ、ホームページ作成などを依頼。店の方向性や今後の計画を考える際、外部の視点や意見は有効だという。コックコートも同氏の力を借り、「肘を動かしやすい半袖」、「ポケットの位置」など海野氏の希望と体型に合わせて制作。主に着るベージュの他、白と黒もある。

ひと月でメニューを一新することをさりげなくアピール

初めて訪れたお客には、食事が終わって会計を済ませたところで名刺を兼ねたショップカードを手渡す。そして同時に「当店では毎月11日にメニューを変更します。またお待ちしております」とメニュー変更のタイミングも直接伝える。次回の来店を促すことが最大の目的だが、メニュー変更前にまた来店するお客に対しても理解を得ることができる。

ワンオペだからこそ、ストックスペースを充分にとる

「定休日にまとめて仕込むソースやパン、お菓子類のストックスペースは、ワンオペには必須」と海野氏。バックヤードには、重ねて保存できるソースやペースト用の冷凍ストッカー、焼き上がったパンや菓子などを保存する４面の縦型冷凍・冷蔵庫の他、通用口のある最奥部には床から天井までの物置棚も。さらに、営業中には洗えない器を下げる場所も確保した。

無駄な動きをなくすべく、動線は"直線"に

店はエントランスからバックヤードまで、奥行約12m。全エリアを一直線の動線で行き来でき、その動線上からほぼすべての厨房機器や客席に手が届くようレイアウトを決めた。また、接客で無駄な動きとミスが出ないよう、カウンター内で調理しながらも客席を一望できる配置にして、各組の食事の進み具合を把握できるようにした。

団体客の予約が入るよう６人がけのテーブル席を設置

開業前に見学したワンオペ店でテーブル席の設置をすすめられ、「ワンオペでお迎えできるお客さまは１営業３組が限界だが、カウンター席だけでは１組あたりの人数は増えにくい」と、最大６人が座れるテーブル席を設けた。木製のパーテーションは取りはずし可能。レイアウトを変えて、貸切イベントなどにも対応できる。

仕込みに専念する日を設け、営業日は当日の料理に集中

週２回の定休日のうち１日は仕込みに専念。１週間分のパンや焼き菓子、氷菓、保存がきくソースや野菜のペースト、ピクルスやフレーバーオイルなどをまとめて仕込む。これらの仕込みや営業終了後の発注内容は、書き出してリストに。「疲れてくると物忘れしがちですし、終わった順に線で消すのは気持ちがいいので（笑）」

カトラリーはあらかじめセットし、自由に使ってもらう

お客を迎えるテーブル上には、九州の地図を図案化したオリジナルのガラスプレートとカトラリー、小倉織のナプキンをセッティング。大きめのカトラリーレストには、お客が自由に選んで使えるように最初から大小のナイフ、フォーク、スプーンをセットする。さらにテーブル下の引き出しにも予備のカトラリーと箸を準備している。

パンは３種を用意し、料理の“間”を埋める役割も

パンは、料理の間が空く時にさっと出せる、重宝するアイテムとして３種を自家製。定休日に１週間分をまとめて焼いて冷凍し、営業前に自然解凍したものを営業中に随時カット、リベイクする。写真は、九州産ミナミノカオリのパン・ド・ロデヴ、カボチャのパン、レンコンのフォカッチャ。パンのレシピはホームベーキングで腕を磨いた妻の明菜さんと考える。

味がぶれないよう、仕込みの段階で調味する

台下冷蔵庫には、定休日に仕込んだソース類を保存。「味を正しくつけるためにも、ゆったりと作業できる仕込みの段階で味を決めるほうが理にかなっている」と海野氏。仕込んだソース類は冷凍または冷蔵し、当日の営業準備で常温にもどす。提供時には、ソースの水分量や風味を保てるよう、湯煎で温めて皿に盛りつけている。

ワインは提供のタイミングが取りやすいペアリングを推奨

ワインは料理とともにサービスしやすいペアリングを推奨。ワインを飲むお客のうち８割以上が注文する。ボトルは料理に合わせて事前に選び、杯数に応じて価格が異なる３コースを設定。海野氏自身が食事の時は量を気にせずワインを楽しみたいと考えるため、ペアリングでも厳密な計量はせず、料理の提供時にグラスを見て注ぎ足すこともある。

ボトルワインは“３種”で提案する

ボトルワインは6000円から数万円まで用意。お客が選びやすいよう、「白で」と要望があれば、6000円、１万円、１万2000円など価格帯別に３本を提案。「１万円以内で」と予算指定があれば、はっきり異なるタイプ別に３本など、選択肢をわかりやすく提示する。一方、手書きのタグには価格とブドウ品種、産地、生産者と味の特徴などを詳しく記載し、情報を補足する。

食後のコーヒーは ネスプレッソを活用

食後のコーヒーは、自宅でも愛用しているコーヒーメーカー「ネスプレッソ」を使って提供する。写真の機種はコンパクトサイズで場所をとらず、タンクの水量はエスプレッソ約８杯分の600ccと充分な容量。また１杯あたりの湯量を増やしたり、コーヒーの抽出なしで湯だけを出すことも可能なため、紅茶にも併用できると考えて店用に購入した。

肉や魚の火入れは主に低温調理で

多くの肉や魚は低温調理で火入れする。加熱中につきっきりになる必要がないことに加え、提供のタイミングを調整しやすいのが最大の利点だ。同店では、油脂を湯煎にかけてそこに直接食材を投入する手製の"オイルバス"を２個用意し、魚と肉を分けて低温調理。牛脂やラード、ハーブオイルを活用し、火入れと同時に風味づけも。

凝った盛りつけができないぶん、小石原焼の器で変化を出す

開業時に「不可欠」と考えたのが、小石原焼の器。小石原焼の里である福岡県東峰村は海野氏の母方の故郷でもともと縁があったため、全国的に知名度の高い森山寛二郎氏などの人気作家に形やサイズを指定したオリジナルの器制作を依頼し、陶器はすべて小石原焼で揃えた。「ワンオペで凝った盛りつけはできないぶん、器に助けられています」と海野氏。

食洗機はタイプの異なる 2台を導入

食器洗浄機は、ウィンターハルターのグラス専用（写真左）と、食器用（同右）の２台を設置。ワインをペアリングで提供するなら使うグラスの数は必然的に増えるため、もともとグラスの洗浄機は必須と考えていたそう。実際、７～８杯のペアリングに加えて食前・食後酒を楽しむなど、１人のお客が10脚のグラスを使うケースもあり、営業中に食洗機を稼働させる日も増えている。

大がかりな掃除は2ヵ月に１回 業者に依頼して徹底的に行なう

毎日の掃除に加え、２ヵ月に１回は専門業者に依頼してグリストラップ、ダクト、ガス台の分解掃除や厨房の床面、エアコンフィルターなどを徹底清掃。開業直後はこれらも自分で定休日に行なっていたが、徐々に時間の確保が難しくなり、オープン約１年後から外注するように。同様に害虫駆除・予防も専門業者に依頼している。

海野氏のある日のスケジュール

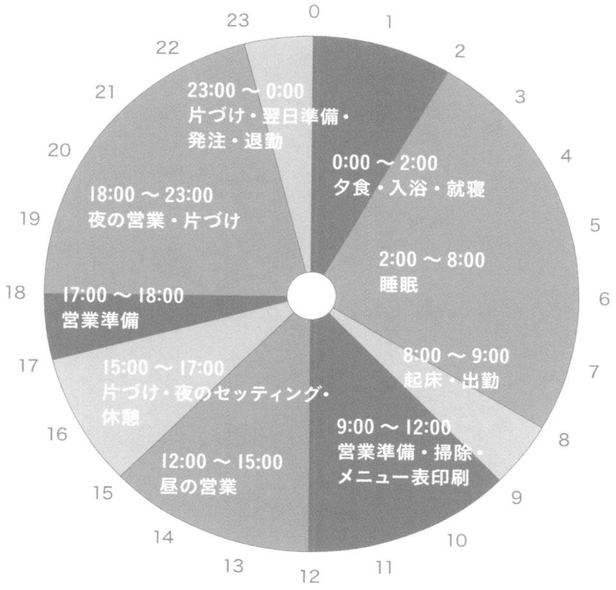

8:00〜9:00
起床・出勤

営業日は８時起床。朝食はとらない。シャワーを浴び、家族（妻と子供２人）に挨拶をして８時30分に出発。自宅から店まではバイクで30分。９時に店に到着。

9:00〜12:00
営業準備・掃除・メニュー表印刷

冷凍したパンや菓子の自然解凍、１週間分まとめて仕込んだソースを当日使う量だけ測って常温にもどすなどのスタンバイ作業が中心。食材が届くのもこの時間帯。魚は当日届いた魚種で皿を構成するため、11時台に確定させてメニュー表を印刷する。エントランスまわりはオープン直前に掃除。

12:00〜15:00
昼の営業

L.O.は13時。14時頃までに提供を終えるが、その後デザートとコーヒーで会話を楽しむお客もいる。厨房が一段落したら、お客がいてもできる範囲で片づけを進める。

15:00〜17:00
片づけ・夜のセッティング・休憩

お客が退店後、客席の片づけと掃除、洗いものを済ませ、夜の営業に向けて客席をセッティング。16〜17時は仮眠をとる。集中力を保つため、営業日の食事は帰宅後の1日1回のみ。

17:00〜18:00
営業準備

夜のコースにしか使わないソースやパーツの当日分の計量と営業に向けた準備を進める。店内を一通りチェックし、必要に応じて掃除する。

18:00〜23:00
夜の営業・片づけ

客席に目が届かないバックヤードには極力行かず、調理、提供、サービスに集中する。L.O.は20時。22時頃には厨房の作業が一段落するため、23時までは客席の様子を見ながら片づけなどを進める。

23:00〜翌0:00
片づけ・翌日準備・発注・退勤

営業終了後は客席を片づけて洗いものを済ませ、翌日昼の営業に向けて客席をセッティング。食材の発注をFAX、メール、LINEで行なう。必要に応じて経理関連の事務作業。23時半には店を出て日づけが変わる前に帰宅するのが目標だが、１時になる日もある。

0:00〜2:00
夕食・入浴・就寝

妻が用意してくれた夕食をとり、入浴。時間があれば、趣味と実益を兼ねてYouTubeで好きな料理番組を見る。就寝は２時。

営業時間／12:00〜15:00（L.O.13:00）、18:00〜23:00（L.O.20:00）
定休日／火曜、水曜

A

３種のスナック

夜のコースで冒頭に提供するスナック３品は「店の自己紹介」、「手早く出せる」、「泡ものに合う」を前提に組み立て、スムーズなスタートにつなげる。１品目のチーズクッキーは店のロゴと同じ雪の結晶型で抜いた生地をスタンバイさせ、お客の到着に合わせて焼きたてを提供。続く２品はいずれもパーツは仕込んでおき、接客しながらトッピングやフィリングを仕上げる。手前は大分県産のサフランを使った「黄飯」を乾燥させて揚げたクラッカーに、アオサ風味のマヨネーズとパウダーをのせたもの。右奥はコルネ形の春巻きの皮にサワークリームとつきみいくら（宮崎県産サクラマスの卵）を詰めたもの。

B

玄界灘産・イトヨリ
緑のお豆とディルの香りの緑色の雪《SNOW》

夜のコースの前菜。淡白な旨みが特徴のイトヨリは、10％の塩水に浸したのち、44～45℃の油脂に浸けて火を入れ、やや弾力のある触感に仕上げる。これを厚めにスライスし、鹿児島県産スナップエンドウとキヌサヤ、キュウリのピクルスと盛り合わせた状態で客前へ。店名にちなんで「雪」と呼んでいるディル風味のパウダーアイスを目の前でかけて皿を仕上げる。皿を運んだ後は、お客に料理の説明をしながら厨房と客席を行き来して「雪」を準備し、説明の終わりにタイミングを合わせて雪をかけるという流れ。仕上げたら、すぐに食べてもらえる段取りとなっている。

A

B

C

長崎対馬地どり！新ごぼう×新牛蒡×新ゴボウ！

肉料理のソースは、昼の鶏肉料理にも夜のあか牛の料理にも共通で１種だけを用意。熊本県産赤酒で香りづけしたフォン・ド・ヴォーベースの"万能ソース"を仕込んでいる。長崎対馬地どりの腿肉は、よいタイミングで提供できるよう、52℃の油脂に浸けて火を通しながら保温。提供時はフライパンで皮面をパリパリに焼き上げる。また肉料理の付合せは、旬の野菜１種を用いるデクリネゾンを基本とする。新ゴボウは、ペースト、ロースト、生のままスライスしたサラダ、フリット、ビーツとともに漬け込む赤いピクルスの５パターンを盛り込んだ。

D

玄界灘産・アオハタのポワレ
福岡県産・菜の花と純国産菜種油「赤水」

繊細な旨みとゼラチン質を持つ白身魚のアオハタは、海野氏が「九州の魚の真骨頂」と考える食材。夜のコース中盤に提供する魚料理では、数少ないア・ラ・ミニッツで調理する一皿としてアオハタのフィレをシンプルなポワレに。並行して準備する付合せとソースは、無精製の香り高いナタネ油に鶏のブイヨンを加えて煮立たせ、さっと塩ゆでしたナノハナと芥藍にからませたもの。ナタネ油の香りを強調すべくアーモンドスライスをトッピングし、オイリーな口あたりのアクセントになるよう、魚の下にはプチプチとした触感の赤米を敷いている。

E

ザ・グランドデザート

開業時に昼のコースの目玉として考案したデザート。15品以上をずらりと並べる。手早く準備ができるよう「はちみつと焦がしバターのフィナンシェ」や「メレンゲ」、「黒ごまリングクッキー」などの一度にまとめて仕込める小菓子やコンフィズリー、１人前ずつ小皿に盛りつけた状態で提供まで保存できるシャーベットなどの氷菓を中心に構成。一方で「チョコレートのシュークリーム」や、エスプーマ状の「シークワーサーのムース」など、その場で仕上げ、盛りつけるアイテムも織り込み、できたて感も演出している。

アラカルト主体の、気軽に使えるフレンチを志向。
「営業中の手数は1品3手まで」をマイルールに、
厨房機器を充実させて、仕込みを徹底

02 Étape

エタップ

住所／東京都墨田区東駒形 2-21-6
電話／03-5809-7452
https://etape-restaurant.business.site

{ 東京・浅草 }

「食べたいものを気軽に食べられるカジュアルフレンチ」をめざし、東京スカイツリーにほど近い浅草の住宅街に、2021年３月に開業した。夜の営業は平日週末ともに単品約30品（１品２人分880円～6600円）とおまかせコース（６品8000円～）。定番の前菜「真ダコとサバのマリネ」や「アッシェパルマンティエ」など仕込みでほぼ完成させる品を多数用意し、スピーディーな提供に努めている。週末のみの昼営業では、ランチコース（５品3500円）に限定し、こちらも近隣の住民など固定客を掴む。

河村神賜（しんじ）

1985年大阪府生まれ。大阪のリーガロイヤルホテルのフランス料理店で5年間修業し、渡仏。パリの「ル・クール・ブイヨン」、「キ・プリュム・ラ・リューヌ」、「ケン・カワサキ」などで8年間働く。帰国後「IKU青山」、「ビストロ オー オン ブーシュ」のシェフ、出張料理人を経て、2021年3月に独立開業。埼玉県の調理師学校の講師も務める。

東京・浅草駅から徒歩６～７分。カジュアルで明るい店内にカウンターとテーブル１卓を備える。テーブルを入れずカウンターをL字型にする設計案も出たが「お客さまに囲まれると自分がプレッシャーを感じてしまう」と考え現在の構成に。「グループ客のご利用も多いので結果的に大正解でした」

店舗面積／8.9坪（うち厨房約４坪）
席数／カウンター６席、テーブル４席
客単価／昼4000円、夜8500円

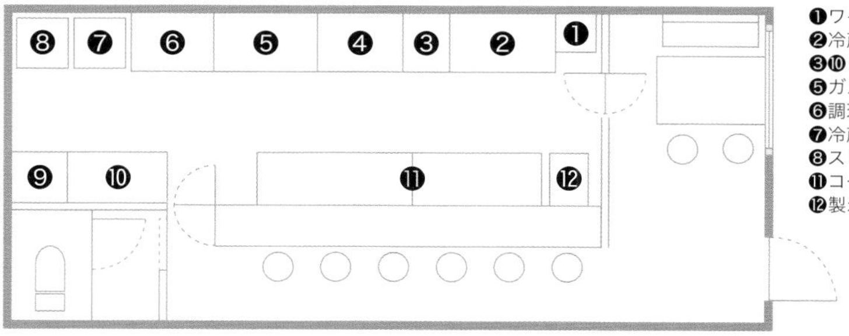

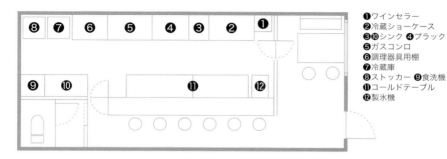

❶ワインセラー
❷冷蔵ショーケース
❸❿シンク ❹ブラック
❺ガスコンロ
❻調理器具用棚
❼冷蔵庫
❽ストッカー ❾食洗機
⓫コールドテーブル
⓬製氷機

柱や凹凸がなく、レイアウトしやすい長方形の物件。トイレ以外はスケルトンの状態での引き渡しだった。設計は、飲食店の内装工事を多数扱う㈱阿部製作所に依頼。厨房は自分が動きやすい充分な広さを確保しながらも、客席はカウンターの椅子の背後をゆったりめにとり、人が通れる幅も確保するなど、居心地のよさに配慮した。

自分の体格に合わせて厨房や収納を設計

厨房内の通路は、ゆとりを持って動けるように幅76cmを確保。また自分が無理のない姿勢で作業できる高さになるよう、作業台代わりとなる台下冷蔵庫などは木片をかませて底上げした。カウンター上に設けた収納棚は、客席に圧迫感を与えず、かつ自分の手が届く、高さ180cmに設定。「自分1人なので、自分が動きやすい造りを何よりも重視しました」

人を雇わない代わりに厨房機器を充実させる

料理はもちろん、パンやデザートなどもすべて1人で作る河村氏。パコジェット、スタンドミキサー、食品乾燥機、真空包装器、低温調理器といった「自分の代わりになる厨房機器」を、資金を惜しまず導入した。店の規模や仕込みの量を考え、家庭用の機器も一部取り入れている。これらは専用の棚を設けて収納し、その棚の背後に電圧を強くした電源を付けた。

洗い場を店の最奥にし、壁を作ってお客から見えにくいように

営業中は洗いものに手がまわらず、下げた器がたまることを想定し、洗い場と食洗機は厨房の最奥に設置。客席との間を壁で仕切り、雑然とした部分がお客から見えないようにした。営業中に洗いものがまったくできない事態に備え、最低1回転はまかなえる数の器を揃えている。

各料理の8〜9割は仕込んでおくイメージ

昼営業のない平日を中心に仕込みを行なうが、それぞれの料理の8〜9割を仕込んでおくイメージ。たとえばメインの魚は、その日仕入れたものを1人分のフィレにして紙とラップ紙で包み、あとは焼くだけの状態まで仕込む。前菜に定番で用いるサバやサーモンは、マリネして脱水したものを小分けにして真空保存し、切るだけで使えるように。

食材発注は基本的にスマートフォンで完結させる

店舗にFAXは置かず、食材や酒の発注はLINEやInstagramのメッセージ機能などを活用してスマホから行なうことがほとんど。電車移動の時間を活用して、帰宅途中に発注することが多い。牛は㈱サカエヤ、その他の肉や魚介は仲卸業者、野菜はよつばファームから仕入れる。少量のものは自宅近くの足立市場に行って買うことも。

会計トラブルを避けるため、必ず明細を出す

会計はPOSレジアプリ「Airレジ」を使い、テーブルで行なう。会計時にトラブルがあると思わぬ時間を取られ、他の作業が滞ってしまうため、未然に防げるように必ず明細入りのレシートを発行。ドリンクメニューにもすべて価格を記載し、明朗会計を心がける。

カウンターと厨房に仕切りを設けず1秒でも早く提供

作った料理を一刻も早くカウンター越しに客席へ提供できるように、厨房と客席の間に仕切りを設けず、ものも置かず、フラットな状態に。掃除がしやすいというメリットもある。「調理中の手元が丸見えになってしまうけれど、それも含めてライブ感を楽しんでもらいたい」と河村氏。

全員に品数の目安と価格設定をあらかじめ伝える

料理は1品2人分の価格をメニューに記し、1皿ずつに分けて提供。そのスタイルを最初にお客に伝え、そのうえで「3～4品が目安」と注文をアシスト。1回のやり取りである程度まとめて注文がとれるのがメリットだ。ちなみに実際は4～5品注文を受けるケースが多いのだが、初めてのお客に「そんなに食べられるかな」とプレッシャーを与えないよう、また万が一多すぎると感じられることがないよう、少なめの皿数を伝えて、様子を見て追加注文してもらうようにしている。

上着と荷物はお客自身が収納するスタイルに

カウンターは、ハイツールを配したカジュアルな雰囲気。足元に荷物を入れられるスペースを用意し、席の背後の壁にハンガーをかけ、お客自身が荷物を置いたり、洋服をかけたりできるようにした。なおカウンター下には足が置けるステップを設けて、長時間座っても疲れにくいように配慮。

ウォーターグラスは先にセットしておく

客席には、カトラリーに加えて水用のグラスもあらかじめ置いておき、お客に頼まれた時に注ぐだけで済むように。「営業中はグラスを持ってきて置く、というひと手間さえも惜しいので、できる限り準備しておきます」

ドリンク&レジ関連のものは まとめて1ヵ所に置く

ワインセラーや製氷機、ワイングラスなどドリンク関連のものと、レジや領収書など会計関連のものは、厨房の端にまとめて設置し、最小限の動きで済むようにした。ワインはグラスで赤・白各3種(850円～)、ボトル約35種を用意。ビールは置き場所と洗浄の手間を考えて生のサーバーは置かず、瓶のみに。コーヒーは全自動のドリップマシンで抽出。

調理が立て込む時は 店の電話を留守電や通話中に

予約の半数は電話から。そのため営業中もできるだけ電話は出るようにしているが、忙しい時間帯は留守電設定にしておくことが多い。さらに、ランチタイムは2回転する忙しさなので、客席にコール音が響き続けないよう受話器をはずして通話中にしておく。店に不在の時や閉店後は、自分のスマホに転送する設定に。

よく使うソースなどはプラックで 常に温めておく

プラックは「全面を熱源として使えて、調理の同時進行に便利」と河村氏。営業中は、ここにソースパンを置きっぱなしにして複数のソースを温めておく他、煮込み料理を保温する、寸胴鍋でスープを炊くなど、同時進行で加熱調理。「何かを使いたい時に一から温めなくていいので、大きな時短になります」

「温めるだけ」、「盛るだけ」の メニューを多く用意する

「温めるだけ」、「盛るだけ」のメニューを多く揃えることで提供をスムーズに。骨付きの塊から切り出して一から火入れを行なう牛のロースト以外は、そういった品が多い。写真の「アッシェパルマンティエ」は、ベースとなる肉の煮込みとマッシュポテトをそれぞれ温め、チーズをふるだけ。

「営業中の手数は3手まで」を マイルールに

ワンオペでもお客を待たせることなく提供するため、料理もドリンクも、「営業時の手数は多くても3手まで」と決めている。たとえば「主素材を焼いて、プラックですでに温めているソースをかけ、付合せをのせるだけ」といった具合だ。それに伴って料理も、主役の食材と副素材、ソースというシンプルな構成になり、要素も3種前後と少ないことが多い。自家製シロップで作るジンジャーエールなど、割りもののドリンクも3種あるが、すべて炭酸で割るだけとしている。

河村氏のある日のスケジュール

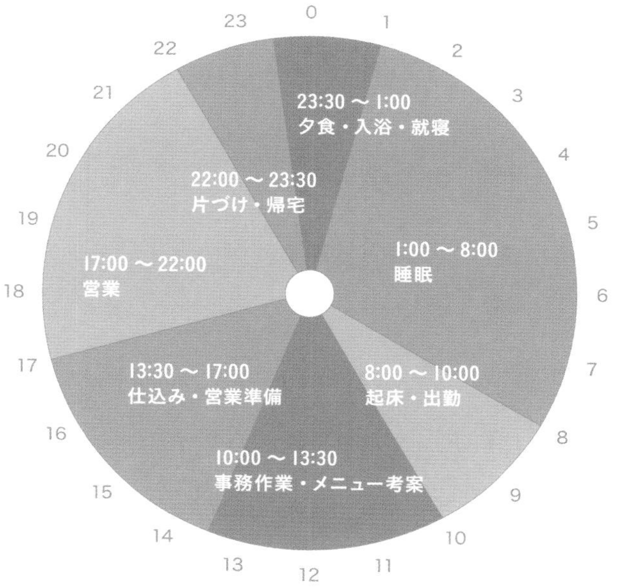

8:00 〜 10:00
起床・出勤

平日の起床は８時。基本的に昼食をとらないため、白米を中心に朝食をしっかりと食べ、９時には家を出る。買いものがある日は、自宅近くの足立市場などに寄ってから店へ。通勤時間は、電車で40分間ほど。

10:00 〜 13:30
事務作業・メニュー考案

店に着いたら、まずは当日の予約の確認や伝票整理などを行ない、新しいメニューを考える時間などを設ける。

13:30 〜 17:00
仕込み・営業準備

仕込み中は休憩をとらずノンストップで作業。初めに食材を切るなどひたすら手を動かす仕事を片づけてから、パンを焼く、煮込みを作るなどして手の空く時間を作り、掃除機をかけたり、テーブルをセットしたりと開店準備を同時進行で行なう。昼食はとらないが、たまに近所の常連客が差し入れを届けてくれることもあるそう。

17:00 〜 22:00
営業

17時から営業スタート。予約時間は店側からは指定せず、お客に自由に選んでもらっている。L.O.は21時で22時閉店だが、場所柄お客の引きが早く、21時半にはノーゲストになることも多いという。

22:00 〜 23:30
片づけ・帰宅

お客が引いたら片づけや掃除機がけ、余裕があればモップがけをして、明日やることのチェックリストを作成。日曜のみ、ダクトやグリストラップの掃除を行なう。22時40 〜 50分頃に店を出る。

23:30 〜翌 1:00
夕食・入浴・就寝

妻が用意してくれた夕食を食べ、入浴。平日はシャワーでさっと済ませ、日曜のみゆっくりと風呂に浸かる。入浴の後は夫婦ですごすが、POSシステムの売上げ分析やInstagramの投稿は主に妻がやっているので、それらについて相談することも。

営業時間／12:00〜15:00（L.O.14:00。土日のみ）、
17:00〜22:00（L.O.21:00）
定休日／水曜

A

真ダコとサバのマリネ

「切って盛るだけ」ですぐ提供できる、ほぼ定番で用意する冷菜。サバはマリネしてから冷蔵庫で一晩乾かし、真空保存。タコはボイルして急冷し、オリーブオイル、塩、白ワインヴィネガーをふってラップ紙で密封保存する。フロマージュ・ブランや白ゴマのペーストを合わせたフムス、水切りヨーグルトなどの付合せも、それぞれ仕込んでおく。注文を受けたらタコとサバを切り分け、サバは表面を軽くバーナーであぶり、付合せとザクロやハーブ、花とともに皿に盛る。

B

アッシェパルマンティエ

ビストロの定番料理を、時短提供が可能で、かつレストランらしい洗練されたスタイルにアレンジ。ベースは、牛の骨まわりの端肉を赤ワインやフォン・ド・ヴォーで煮込んだもので、1週間～10日ごとにまとめて仕込み、2～3日分ずつに分けて冷蔵保存。営業時はこれを小鍋に入れてプラックの上で温めておき、オーダーごとに皿に盛ってマッシュポテトをのせ、パルミジャーノをふる、という3ステップで完成だ。

C

白子のムニエルとリゾット

国産のリゾット用米「和みリゾット」で作ったリゾット——米をフュメ・ド・ポワソンで煮て、マスカルポーネのクリームを合わせたもの——を乾燥させてブレンダーで粉砕した自家製米粉を白子にまぶし、バターを熱したフライパンで5～6分間かけて香ばしくムニエルに。米粉と同じリゾットを注文ごとに温め、白子のムニエル、ケールとフェヌグリークのマイクロリーフをのせて提供する。白子の表面の香ばしさと、中身とリゾットのクリーミーさの違いも楽しい品。

D

ハーブアイスとクランブル

「デザートを作るのが好き」という河村氏。常時5品ほどを揃えており、中でもこの品は開業時からの定番。コリアンダーやミント、バジルなど6～7種類のハーブをオレンジのシロップとともに攪拌し、パコジェットでソルベにする。ローリエの風味を移したアングレーズソースと、バターの代わりにオリーブオイルで作るクランブルを添えて、甘さや多彩な触感がありながらも、さっぱりと食べられるデザートに。

A

B

C

D

”

自家製の生ハムや手打ちパスタを打ち出しつつ、注文率8割を超えるワインペアリングにも注力。ゲストを待たせないおまかせコースを構成する

03 ―― Botrus

ボトルス

住所／東京都渋谷区千駄ヶ谷 4-10-4
千駄ヶ谷グリーンランドビル 2 階
電話／ 03-6804-5890

{ 東京・千駄ヶ谷 }

東京・千駄ヶ谷のマンション２階という隠れ家的な立地で2018年６月に開業したイタリア料理店。当初は自家製シャルキュトリーやチーズを単品で提供し、ワインバー利用にも対応していたが、現在は昼（土日のみ）6600円、夜は7200円（いずれも８品）のおまかせコース１本。つまみにもなる数種類のパンからはじまり、切りたての自家製生ハムにフルーツやチーズを組み合わせた前菜、スパイスをきかせた手打ちパスタなど、一から自家製で一皿のパーツも多い手の込んだ料理を提供している。

稲川信太郎

1984年東京都生まれ。18歳からプロボクサーとして活動後、23歳でイタリア料理の道に進む。都内数店で修業をし、2011年から約３年間、南イタリアで研鑽を積む。帰国後、都内の店で働いた後、「アロマクラシコ」などで料理長を務める。18年６月に独立開業する。

千駄ヶ谷にあるマンションの２階に入居する店舗は、居住空間だった物件を改装。L字型カウンター内にフルオープンで設けた横長の厨房は、火口の対面がヒートランプを吊り下げた温製、その横が冷製の作業場に分かれる。基本は火口のそばに立ち、左右に動くだけで調理や接客がすべて行なえる設計に。お客と目線を合わせるため、厨房の床は下げた。

店舗面積／13坪（うち厨房約４坪）
席数／カウンター11席、テーブル２席　客単価／１万円

自由にメニューを考えつつ、提供にかかる時間の計算は綿密に

メニューを構成する際、「1人だから……という縛りは設けず、作りたい料理が基本です。ただ、どうしてもオペレーション上、時間がかかってしまうような料理は省くことも」。たとえば1皿目のアミューズは、お客が着席後4分程度で提供できる内容に調整し、さらにその間にパーネ・クロッカンテなどを出してより"待ち時間" の印象を弱める。

フリットなど、状態変化や劣化が早い料理は避ける

「開業以来、一度もフリットを提供したことがない」と話す稲川氏。それは、少しの時間差で料理の劣化を感じるような、おいしさのピークが短い料理は極力避けているからだ。温前菜は、「太刀魚とキノコと浅利の蒸し煮」といった汁気のある品や、オーブン焼きのように形状変化の少ない皿を組み込むことが多い。

コンベクションオーブンと一体化のガスレンジを導入

「独立前に短期間働いた店で使っていて、1人で店をやるのに便利だと思った」ことから導入したのが、ガスレンジの下に2台のコンベクションオーブンが組み込まれたもの。アナログな台下オーブンと違って温度や時間を細かくコントロールできる。また2台あるため、高温と低温にして使い分けている。

13席を設けるが昼夜ともに3組までに絞る

席はテーブル2席を含めて13席あるが、お客を待たせすぎずに料理を提供できるよう、クオリティ維持も考え、昼(土日のみ)夜ともに3組程度に絞って営業。そのうえで「料理もワインもほぼおまかせにしているので、席は自由に選んでいただければ」とお客が好きな席に座ってもらうようにしている。

アミューズを待つ間、ワインに合うスナック感覚のパンを提供

パーネ・クロッカンテなど約3種を、数日分焼いて常に用意。その日使う分は営業1時間前にディッシュウォーマーに入れておく。ドリンクの注文後すぐに提供し、数分間とはいえ、アミューズまでの時間を手持ち無沙汰にせずワインと一緒に楽しんでもらう。写真上はタマネギとオレガノ味、下はパルミジャーノとコショウ味で、1杯目のスパークリングワインやビールに合うよう塩加減は強めとする。

デザートはシンプルなパーツをさっと盛り込む仕立てとする

デザートはマスカルポーネのムースを基本パーツとし、オペレーションに時間をかけず、あらかじめ準備した計3〜4パーツを器に盛るだけとする。ただし食後のドリンクと一緒に供する小菓子に関しては、3種のうち2種は焼き菓子を随時まとめて作るものの、1種は営業中に料理の合間を見ながらオーブンで焼き、作りたてを出すように努める。

主菜の肉の火入れは、肉の状態が目視できるヒートランプを活用

ワンオペで調理するうえで主菜は肉のローストに固定。最初にフライパンで肉の両面を焼き、提供時にオーブンで温める以外は、火入れはヒートランプを使って行なう。「オーブンは他の作業に気をとられているうちに、出し忘れて火が入りすぎるといったリスクもあるため」。また随時肉の状態が目視でき、ランプの上げ下げでお客の食事ペースに合わせて加熱の調節ができることから、非常に便利なツールとなっている。

稲川氏のある日のスケジュール

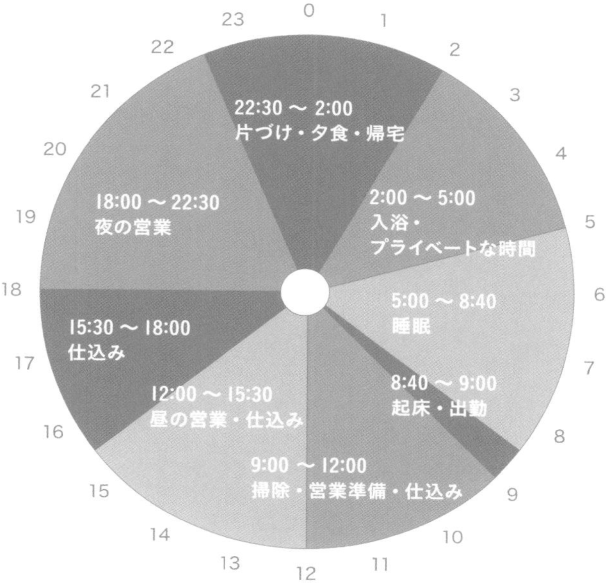

8:40 〜 9:00
起床・出勤

昼夜営業する土日は朝食はとらずに身支度をし、ランチの予約時間の3時間前には店に入る。自宅から店までは自転車で15分ほどで、この距離も働きやすさにつながっている。なお夜営業のみの平日は11時頃に出勤。

9:00 〜 12:00
掃除・営業準備・仕込み

出勤後はまず店内を掃除し、テーブルをセッティング。前夜、営業後に仕込んでおいたパン生地を成形してオーブンで焼いたり、ショートパスタの製麺や野菜のピュレの仕込みなどを行なう。予約状況を確認して記念日用のプレートもチョコレートで書く。

12:00 〜 15:30
昼の営業・仕込み

営業中もあいている火口でスーゴをはじめとしただしをとるなど、仕込みを進める。

15:30 〜 18:00
仕込み

昼営業は遅くとも16時には終了。その後、夜用にテーブルセッティングをし、ショートパスタの生地を練るなど仕込みをしながら、ヨーグルトやリンゴ、バナナといった果物を食べて軽く腹ごしらえをする。

18:00 〜 22:30
夜の営業

「開店時間の18時予約で3組全員が記念日利用という日もある」ため、集中しながら調理と接客を1人でこなす。「段取りよくいけば、お客さまが店を出られる頃には洗い場の片づけまで終わっている日も」

22:30 〜 翌2:00
片づけ・夕食・帰宅

営業後はグラスをすべて手洗いしたり、翌日出すパスタやパン生地を仕込む。甲殻類のだしを仕込む場合はにおいが強いので営業後とし、換気扇をつけたまま店を出る。居酒屋などで食事をし、自転車で帰宅。

2:00 〜 5:00
入浴・プライベートな時間

帰宅後は入浴。また稲川氏の趣味は読書で、「自宅には蔵書が3000冊くらいある」という。アイスクリームを食べながら料理本や経済書などを読むことが日課で、気がついたら明け方近くになっており、それから睡眠をとることが多い。

営業時間／12:00 〜15:30（土日のみ）、18:00 〜22:30
月曜、他不定休

2種を供するパスタはどちらも ゆで時間が短く、 ピークの長い手打ちに

パスタは２種とも手打ちパスタとし、基本は営業ごとに仕込み、１皿目はショートもしくはロング、２皿目は今回紹介したロートロやトルテッリーニのような詰めものパスタを供する。稲川氏曰く「手打ちは２〜３分間でゆで上がるように生地の厚さやサイズを調整しており、営業中、調理時間の短縮が可能。かつ乾麺ほどアルデンテを意識しなくてもよく、おいしさの範囲が広い」

料理とワインの提供時の 簡単な説明以外は話はせず、 調理に専念する

営業中はできる限り調理に専念するため、サーブ時のみお客と会話する。最初におまかせコースの料理内容を簡単に説明。またワイン提供時も作り手や品種などの難しい話をするのではなく、なぜこの料理に合わせたのかを香りや味わいで端的に伝えることで、ワインに詳しくないお客の興味も引くようにしている。

本数が増えると管理も 手間となるため 扱うワインは約20種に留める

ワインはイタリア産を中心に、稲川氏が過去に飲んで記憶に残ったものだけを仕入れているが、収納スペースが限られていることもあり20銘柄程度に留める。営業中はペアリングで提供する６種以外に、グラスワイン用にタイプの異なる数種の白ワイン、赤ワインを抜栓しておくことが多い。

A

岩塩でマリネした鴨と無花果
焦がしたクルミとニンニク

生ハム×フルーツ×チーズというイタリア料理らしいイメージの組合せで、季節に応じて食材を変えて提供する前菜。ワンオペでも手間を惜しまず自家製品を作る稲川氏は、この鴨の生ハムの他、マグロのブレザオラ風やメカジキの燻製を使うこともあり、その都度カウンター前に置くスライサーを用い、切りたてを出す。クリーミーなストラッチャテッラに、甘いイチジクのコンポート、ねっとりと塩気のある鴨の生ハム、煮詰めたバルサミコ酢を使ったソース、香り高いトリュフなどをランダムに重ねる。

B

上州牛のオーブン焼き

主菜は牛や豚など肉のローストとする。上州牛のトモサンカクは「旨みを流出させないよう」（稲川氏）、冷蔵庫から取り出してすぐフライパンで両面を焼く。その後は「オーブンのように加熱しすぎる心配がない」ヒートランプを上下に移動させて温度を調節しながら両面を熱し、提供直前にオーブンで肉の温度を上げる。ソースは、冷蔵庫に常備している牛やシカの骨などでとるスーゴと、煮詰めたマルサラと赤ワインに、トリュフとトリュフペーストを加えて香り高く仕上げる。

C

ロートロ　日本鹿とフォアグラ
アニスの香るカボチャ

コースの中で２種の手打ちパスタを出しており、一つは詰めもの。一例であるロートロは、00粉とセモリナ粉を合わせた生地を薄くのばしてゆで、シカ肉のラグーとフォワグラを包む。営業前にここまで仕込み、提供時に切ってチーズをふり、オーブンで焼く。アニス風味の甘いカボチャのピュレを下に敷き、シカのスーゴとフォン・ド・ヴォーにエスプレッソの香り、黒糖のコクのある甘みを加えたソースを流す。アクセントにカボチャの種やカリッとした触感のアマレッティ、蒸し焼きにしたトレヴィスの苦みを添えて。

杯数＆量の異なる４コースを設け、 ワインペアリングの 注文率を８割以上に

ワインペアリングは３種3200円、４種4200円、６種5800円、６種ハーフ4500円の４コースを用意。「若い人にも食事に来てもらいたい」と考え、ペアリングも含めて１万円程度になる価格設定とした。少しずつ料理に合わせて楽しみたいというお客に向け、ハーフサイズのコースも設けている。

A

B

大箱店の料理長を経て、ワンオペで独立。仕込みと段取りを綿密に組み立て、一斉スタートのおまかせコースで勝負する

04 LE MACCHAN

ル・マッシャン

住所／兵庫県芦屋市川西町 7-3 芦屋川ビューハイツ 111
電話／050-8881-0002

{ 兵庫・芦屋 }

2020年11月、フランス料理店の激戦区でもある兵庫・芦屋の閑静な住宅街に開業した、女性オーナーシェフによるワンオペ店。「事前に綿密にプランを立ててクオリティを保ちたい」との考えから、一斉スタートのおまかせコース1本で営業する。昼は6050円（7品）、夜は1万2100円（10品）。食材名のみで記載する料理のコンセプトは「日本人になじみのあるおいしさ」。フランス料理の調理法をベースとしながらも、和の食材や調味料、仕立てを随所に取り入れ、ランチに集うマダムらの支持を得ている。

松本ゆう子

1981年大阪府生まれ。体育大学卒業後に調理師学校へ進み、フランス料理を専攻。ホテルニューオータニ大阪でイタリア料理を2年半、フランス料理を2年半、宴会料理を1年間学ぶ。大阪のビストロやスペイン料理店で修業を積み、宴会場も持つイタリア料理店のシェフを3年間務め、和牛割烹などを経て2020年11月に独立。

阪神電車の芦屋駅から徒歩５分、JRの芦屋駅からは徒歩10分のマンション１階。両隣にも飲食店が入居しており、住宅街だが店前は人通りがある。広々としたカウンター８席とオープンキッチンを備え、藍色のカーテンの奥にはＬ字型の大きなバックヤードが。厨房の中央に位置する火元を中心に、ぐるりと一周できる構造になっている。

店舗面積／14坪（うち厨房は約7.7坪）
席数／カウンター８席　客単価／昼7000円、夜１万4000円

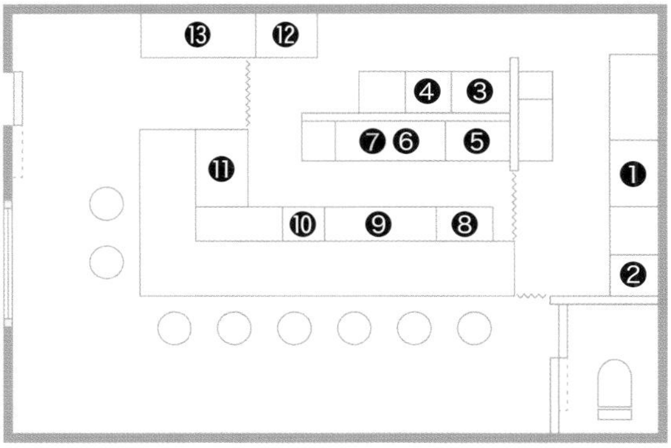

❶シンク ❷食洗機
❸冷凍・冷蔵庫
❹冷凍ストッカー ❺サラマンドル
❻ガスコンロ ❼台下オーブン
❽ディッシュウォーマー
❾コールドテーブル ❿製氷機
⓫冷蔵ショーケース
⓬ワインセラー ⓭クローゼット

５階建てマンションの１階にある、元は串揚げ店の居抜きだった物件。一度スケルトンにして、ワンオペ用に一から設計した。客席に対して厨房スペースをかなり広くとった造りで、ガスコンロやオーブン、作業台を兼ねたコールドテーブルなどをオープンキッチンに置き、洗い場や食洗機、ストッカー、収納スペースはお客から見えないバックヤードに配置。

店の外にチラシを置き、手間をかけずに地域に宣伝

「ワンオペで忙しく、インターネット上などでのプロモーションにはあまり時間を割けていない」にもかかわらず、満席の日も多く順調にお客を掴んでいる同店。これは「地元客の口コミや紹介が大きい」ためで、その効果を高めるべく店頭には店の紹介チラシを置いている。隣の蕎麦店が人気店で行列ができていることも多く、「そちらに来店した方にもうちの存在を知っていただけたら」との狙いも。

ストックスペースをたっぷりと設ける

「ストックスペース、とくに冷凍庫はいくらあっても困らない」と松本氏。オープンキッチン側に台下冷凍・冷蔵庫２台、バックヤードに大型冷凍・冷蔵庫１台と冷凍ストッカー１台を備える。各料理のパーツを仕込んでおく他、フォン・ド・ヴォーなど料理のベースとなるだしは週１～２回まとめて作って冷凍しておく。

よく使う便利な加熱機器を１ヵ所にまとめて設置

調理中の動線を考慮し、ガスコンロ、台下オーブン、低温調理器、フライヤー、サラマンドルを壁際の一角にまとめて設置。多様な熱源を同時に駆使して加熱調理を行なう。ガスコンロは火口が６つあり、うち２つにガス火の上にのせて使う小さな鉄板と蒸し器を常に設置している。

皿の温めと収納を兼ねてディッシュウォーマーを導入

ディッシュウォーマーがない店で働いていた時は提供前に皿を加熱機器で温めていたが、それが非常に手間だったことから、約90cm幅の大きめのディッシュウォーマーを設置した。なお、皿とグラスは営業中に洗うひまがないため、洗わなくても１営業はこなせる数を用意している。

店まで配達してくれる業者から仕入れる

仕入れ先は独立前から付合いのある業者や食材店がほとんどだが、選ぶ基準の一つとしているのは店まで配達してくれるかどうか。直接買いに行く、取りに行く時間がないため、営業に差し支えない都合のよい時間に配達してくれることがマストである。少量の買いものやパンの仕入れは店の近くで済ませる。

「盛るだけ」の状態まで仕込んでおく

仕込んでおけるパーツは、1人分や、使う形に切り分け、盛るだけ、温めるだけの状態にして冷凍・冷蔵する。冷菜や、状態が変わらない品はあらかじめ器に盛り込んでおくことも。「切る、盛るというのは数秒でできる作業ですが、それが営業中に重なると結果的にお客さまを待たせてしまう」と松本氏。また「ア・ラ・ミニッツの料理はもちろんおいしいけれど、ワンオペで慌てて急いでクオリティの低いものを出すよりは、しっかり準備して安定したおいしさのものを出したい」という考えだ。

大きいカトラリーレストに多くのカトラリーをセット

料理ごとにカトラリーをセットする時間を省くべく、カトラリーレストはできるだけ大きく、1本でも多くカトラリーをのせられるものを探した。現在使っているものは最大5本のせられ、魚料理までの分を置いておくことができる。なお、お客の食べやすさを考慮して箸も設置。

Airレジを導入し、かつ財務管理は税理士に依頼

POSレジアプリ「Airレジ」を利用。売上げや来客数の集計などが簡単にできるので、「自分で計算するよりとても楽」。そのデータと、仕入れ業者からの明細やクレジットカードの明細、領収書などをまとめて税理士に送り、財務管理を依頼。事務作業の手間を軽減している。

ウォーターグラスに氷を入れて冷蔵庫に用意しておく

営業直前に、あらかじめウォーターグラスに氷を入れて、冷蔵庫に準備しておく。営業中は「『グラスに氷を入れる』という作業すらもひと手間になるので」。氷は、作業台も兼ねた全自動製氷機で作ったもの。

ワインのメニュー表には詳細な説明を文章で記す

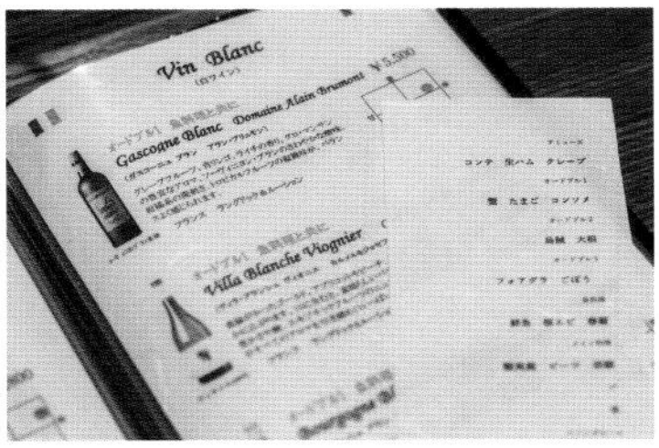

口頭でワインの説明をしなくてもいいように、ドリンクのメニュー表にはワインの説明を細かく記している。ワイン自体の産地や味わいの説明だけでなく、「オードブル」や「メイン」など、合わせるのに向いている料理も載せ、お客の注文をアシスト。ペアリングも備え、ワインは3杯3300円、5杯5500円、日本酒は4杯2200円。

メイン料理の構成要素を減らし、盛りつけはシンプルに

メインの肉料理は、もともと主役の肉以外に５〜６種ほどさまざまなパーツを盛り込んでいたが、最近は構成要素を減らしシンプルな仕立てとしている。盛りつけに時間をかけないことで熱々で提供できるのはもちろん、調理が立て込んだ時にあるパーツをのせ忘れてしまったことがあり、そういった事態を避けるためだ。

昼夜、一斉スタートでおまかせコース１本にする

仕込みと営業中の段取りを事前に綿密に決めておけるこのスタイルが、松本氏にとって最大のポイント。「自分が焦ってバタバタすると店内の雰囲気が悪くなるので、自分にとってやりやすい形であることが重要です」。また料理の差し替えは基本的に難しいことから、苦手なものなどは事前にしっかりヒアリング。それでも差し替える必要が生じた時は、昼ないしは夜の料理と入れ替える。

膝を壊さないよう毎日アイシングを行なう

「ワンオペは自分の身体が資本」であり、かつ松本氏は「70歳まで現役で調理場に立つ」ことを目標としているため、毎日の入浴やストレッチをはじめとした身体のケアを欠かさない。かつて、立ちっぱなしの作業が祟り、膝を痛めてしまった経験があるため、膝を壊さないように今は毎日、帰宅して入浴した後などに氷で冷やしている。

１品目のアミューズはすぐ提供できるものに

「１品目の料理と１杯目のドリンク、パンの３点は、なるべく早く提供したい」と、コース開始から10分間ほどで出すよう心がける。そのためアミューズはすぐ出せる仕立てに。38頁で紹介するフォワグラのカツレツも、営業時は揚げて切り、盛りつけるだけとシンプルな品。

昼は２時間、夜は２時間半でのコース提供を目標に

営業中はカウンター内のお客から見えないところに時計を置いて時間をチェック。昼は２時間、夜は２時間半でのコース提供を目標としている。コースが長いとお客が疲れる他、とくに昼はメインの客層である、子供を預けている合間に食事に来ている母親たちの、子供のお迎えに支障が出ない時間までに終わらせたいという考えからだ。

営業中に壊れて困るものは予備を買っておく

以前、営業中にバーミックスが壊れて困った経験がある松本氏。それ以来、バーミックスの他、タイマー、芯温計など営業中に多用し、かつ壊れたら調理に大きな支障が出る道具は、２つ購入して１つを予備として置いておくように。

松本氏のある日のスケジュール

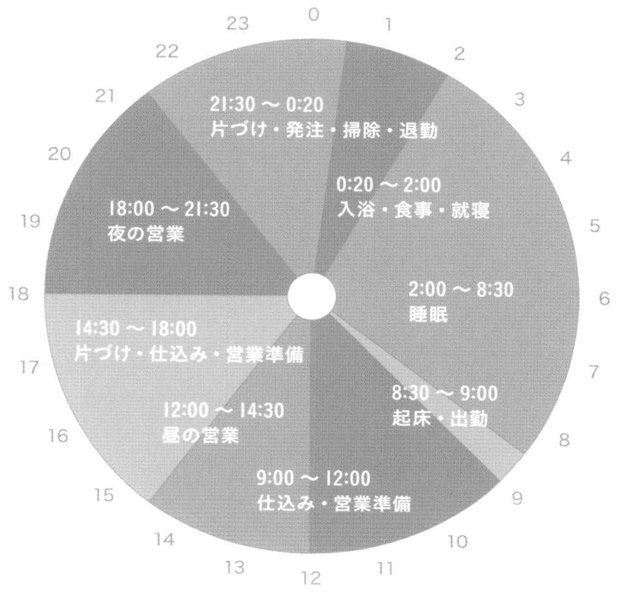

8:30 〜 9:00
起床・出勤

8時半に起床し、さっと身支度をしてすぐに家を出る。朝食は食べない。店の近くに住んでおり、自宅から自転車で5分間ほどで店に到着。途中、パン店に寄って、店で出すバゲットを仕入れることもある。

9:00 〜 12:00
仕込み・営業準備

朝食の代わりにプロテインを飲み、すぐに仕事開始。だしやフォンをとるなど時間がかかる作業からはじめ、仕込みを進めつつ、ランチで出す料理の準備を行なう。11時すぎからは、店前に植木やチラシを出し、フランス国旗とのれんをかけるなど、お客を迎えるスタンバイをする。

12:00 〜 14:30
昼の営業

12時一斉スタートで7品のおまかせコースを提供。お客はスタートの10分前から入店可能とし、それより早く到着した場合は店外で待ってもらう。お客は14時半までに退店することが多いという。

14:30 〜 18:00
片づけ・仕込み・営業準備

営業後はすぐ片づけを開始。厨房に出していた素材や容器を所定の位置に戻し、洗いものと掃除をして、夜用のセッティングをする。この作業が16時頃までかかり、その後に仕込みを再開。同時に夜に出す料理の準備を行なう。足りないものがある時は近くのスーパーで買い出し。まかないはとらないが、作業の合間にバゲットをつまむことも。また隣のコンビニにコーヒーを買いに行き、気分転換するようにしている。

18:00 〜 21:30
夜の営業

夜のコースは18時一斉スタートで、計10品。2時間半〜遅くとも3時間で終わらせることを目標に提供を行なう。閉店時間は21時半としているが、お客はだいたい21時頃に退店するケースが多い。

21:30 〜翌0:20
片づけ・発注・掃除・退勤

昼営業後と同様に片づけや洗いものをし、翌日のためのテーブルセッティングをする。終わり次第、23時頃から発注作業。同時に厨房の掃除もする。0時前に店を出て、コンビニに寄って0時20分頃に帰宅。

0:20 〜 2:00
入浴・食事・就寝

帰宅後は入浴し、その後にストレッチと膝のアイシングを行なう。食事をし、あとは自由時間。料理系のYouTubeチャンネルを見たり、メニュー変更の時期はメニューを考えたりすることもある。

営業時間／12:00〜14:30、18:00〜21:30（ともに一斉スタート）
定休日／不定休

A

カツサンド

フォワグラにパン粉を付けて揚げた“フォワグラカツ”にとんかつソースを塗り、カラシバターを塗ったトーストで挟んでカツサンド風に。とんかつ定食に添えられる漬物のイメージで合わせた奈良漬けとともに、ピックで刺して提供する。「フランス定番の食材を和の仕立てで」というところから発想し、1品目のアミューズということもあり、見た目にインパクトを持たせた。フォワグラを掃除して、パン粉を付けた状態で冷凍するまでが仕込み。

B

蟹　たまご　コンソメ

グラスに温度卵、鶏のコンソメのジュレ、ズワイガニのほぐし身、角切りのリンゴ、ウニを盛り込むところまで仕込んでおき、提供時はあらかじめスライスしてワサビをのせておいたラディッシュと、スプラウトをのせるだけ。すぐに提供できる1品目の前菜だ。主役であるカニと相性がよい食材を散りばめた品で、カニという「高級食材」と、卵やリンゴなど「身近な食材」の組合せもテーマの一つ。カニはアユ魚醤で和えて和の味わいを添えている。

C

蝦夷鹿　ビーツ　胡椒

エゾシカのロース肉をオーブンで出し入れしながらゆっくりと火を入れ、ロゼ色の仕上がりに。流したのはシンプルなソース・ポワヴラードとハーブオイルで、上にはビーツのスライス、フォン・ド・ヴォーで炊いたゴボウ、ミニアマランサスをのせている。シカと定番で合わせる食材と、シカに通じる土っぽさを持つ要素を合わせた。メインの肉はクラシックに「オーブンのみでの火入れ」を基本とするが、豚肉とホロホロ鳥は低温調理器を活用。

C

E

D

D

米

肉料理の後には締めとして、米料理やパスタなどを提供。今回は牛タンのだしで炊いたご飯に、角切りの牛タン、実ザンショウ、おろしショウガ、きざんだ木ノ芽を混ぜ込んで、バターをからめた一品だ。牛タンは煮込んだものを角切りにして冷凍しており、提供時に使う分をだしの中で温めて解凍。ご飯はオペレーション上、大人数の時は土鍋に牛タンのだしと生米を入れて炊き、少人数の時はあらかじめ炊いた白米と牛タンのだしを小鍋に合わせ、リゾット状に仕上げている。

E

モンブラン

クリのピュレ、生クリーム、砂糖、カシスで作った口溶けのよいムースに、ラムをきかせたマロンペーストを絞り、多彩な触感、味わいの要素を添えた２品目のデザート。添えたのはキャラメルアイス、クランブル、メレンゲ、ラング・ド・シャ、洋ナシ、カシスのソース。デザートは２品出すが、いずれも酸味を使って軽さを出しており、１品目のアヴァン・デセールは少量で果物を主役とするなどさっぱりと食べられるものとしている。

週末は、昼夜共通のおまかせコースで1日3営業。平日は夜のみ・1回転として仕込みに時間をかけ、ワンオペ歴10年目にして完全週休2日を実現

05 il tram

イルトラム

住所／東京都江東区三好 4-9-5
電話／ 03-5621-8383
http://www.il-tram.com

{ 東京・清澄白河 }

2013年に開業した、東京・清澄白河の美術館そばに佇むイタリア料理店。メニューは5800円（税抜）のおまかせコース（6～7品。別途、席料・パン代550円）1本で、定番料理の「チコリの1時間ロースト」をはじめ、野菜と昆布だしを多用した「素材を存分に感じられ、かつ食後感が軽い料理」が中心だ。水曜～金曜は夜のみ営業、予約数の多い土・日・祝日は12時～、17時～、19時半～の一斉スタートで予約を受ける。変則的な営業は、週休2日を確保するため。ライフスタイルも大切に、息長くワンオペを続けている。

川邉亮祐

1985年神奈川県出身。高校時代にイタリア料理店でアルバイトをし、一時はファッション関係の仕事に就くも、イタリア料理の道に転向。都内のリストランテ数軒で修業する。2009年より「オステリア ニコ」で4年間シェフを務め、13年に独立開業。17年、ワインショップ「vicino」を開く。

東京・清澄白河の東京都現代美術館近くに佇む小体な店舗。趣のある欧風の窓が特徴で、照明を暗く落とし、ろうそくの光や木製の調度品で温もりある雰囲気を演出する。以前は２人用テーブルを３卓置いてカウンターを含め計５組まで予約を受けていたが、オペレーションをよくするため現在は４人用テーブル２卓とし、計４組のお客に対応。フライパンや包丁などは壁にかけ、手に取りやすくした。

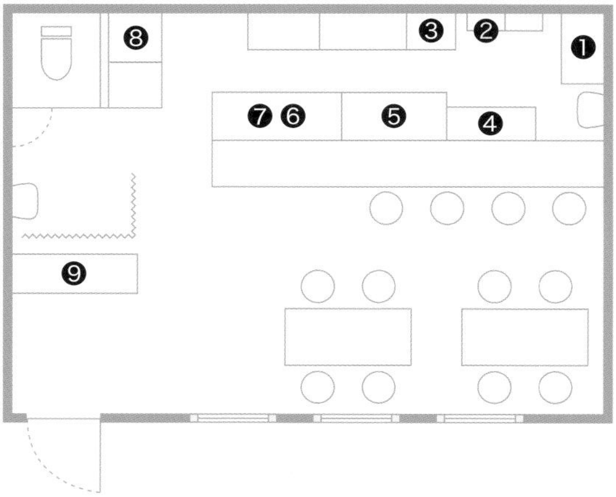

店舗面積／８坪（うち厨房３坪）
席数／カウンター４席、テーブル８席
客単価／昼夜ともに１万円

❶シンク ❷ウォーターサーバー ❸ワインセラー
❹冷蔵ショーケース ❺コールドテーブル ❻ガスコンロ
❼台下コンベクションオーブン ❽冷凍・冷蔵庫 ❾コートかけ

元は喫茶店だった物件をスケルトンにして、ワンオペ用に一から設計・施工。厨房は１人で効率よく動けるI型キッチンとした。客席に向かって立ち、ほぼ左右の動線で済むようカウンター前にガスコンロ、台下コンベクションオーブン、盛りつけ台兼用のコールドテーブルを一列に配置し、その奥、厨房の最端に洗い場のシンクを据えた。

予約はインターネット経由のみに

電話対応の時間を削減するため、またウェブシステム上に予約記録を残すため、基本的にネット予約のみとしている。予約の電話が入った場合も電話では席の空き状況のみを伝え、口頭で「トレタ」、「食べログ」等の予約サイトに誘導する。トレタをウェブ予約台帳として活用しており、その日提供したメニューやお客の印象、食の好みを入力。

取材は特定の媒体しか受けない

店がある東京・清澄白河は近年注目スポットとされ、同店にもテレビや雑誌の取材依頼が多いが、「取材は数時間とはいえ、すべて受けていたらスケジュールが狂って仕込みができない」と川邊氏。料理専門誌など自分が受けたいと感じる３つの媒体と、知合いのライターの取材のみに絞っている。

温・冷機能付きのウォーターサーバーを導入

厨房内に冷水と熱湯が出るウォーターサーバーを導入し、料理や飲料水、食後のハーブティー用に使う。「厨房で使う人はあまりいないが、湯を沸かす手間が省けて非常に役立っている」

常に客席を見渡せるよう、火元を客席側に設置

メインの火元は壁に面して設置する店が多いが、加熱調理をしながら客席を見渡して緊密なサービスができるように、ガスコンロとコンベクションオーブンを客席向きに設置。その横を盛りつけ作業スペースとし、加熱から仕上げまで、お客側を見ながらほぼ横移動のみの動線で行なえるようレイアウトした。

仕込む内容と発注すべきものはそのつどメモしておく

冷蔵庫にメモを２枚貼り、１枚を仕込みリスト、もう１枚を発注リストに。仕込む必要があるものが出てきたら随時右側のメモに書き込み、それに合わせて左のメモにも発注すべきものを書き足し、毎日営業後にメモを見て電話発注する。「なくなった時にそのつど書き足すことで漏れがなく、発注リストを作る時間も短縮できます」

リベイク不要の「温めなくてもおいしいパン」をめざす

自家製のフォカッチャはおかわり自由（席料とパン代を含め1人550円を加算）。「オペレーション上、営業時に再度温めて出すのが難しい」と、生地の水分量を増やし、冷めてもふんわりした触感が保てるレシピを考えた。ピュレを敷いた料理が多いこともあり、小麦粉1kg分のフォカッチャを、土日は1日３回焼く日もあるほど人気だという。

付合せやパスタのソースは、仕込んでおけるピュレにする

川邊氏の料理の特徴の一つはピュレを多用すること。仕込んでおけるのはもちろん、盛りつけ時に皿ごとに時間差が生じても濃度があるピュレは温度を保てること、そして「付合せとソースの要素を合体させてピュレにすることで皿の構成要素と調理の手数を減らせる」ことが利点だという。パスタソースも温めて和えるだけのピュレとし、フライパンをあおって乳化させる手間と時間を要するオイル系のソースなどは作らない。

耐熱クッキングフィルムに包んで仕込み、提供時は温めるだけの状態に

秋冬にコース1品目で定番の品として供するキノコのブロードは、リケンテクノス㈱の耐熱クッキングフィルム「TSUTSUMU」を使い、温めるだけの状態まで仕込んでおく。1人分のブロードをあらかじめフィルムで包んでいて、提供時はオーブンで温めるのみ。この品以外に、ソースと魚の切り身を一緒に包んで仕込んでおくなど魚料理にも活用する。「食材の旨みがブロードやソースと一体化するので、味わいの面でも利点がある」

接客に集中すべく、基本的に営業中は電話に出ない

営業がはじまったら、予約客が揃うまでは遅刻などの緊急連絡が入る可能性があるので電話に出る。しかし予約客が全員来店してからは、接客や調理に集中すべく基本的に電話は出ない。営業時間以外の電話は受けるが、予約の依頼であればネット予約に誘導する。

厨房の慌ただしさを見せないためにカウンターとの仕切りは高く

オープンキッチンの店では厨房の様子を見せてお客を楽しませる店も多いが、「くつろいで料理を楽しんでいただきたいので、1人営業のバタバタ感や、慌ただしく調理しているところを見せたくない」とカウンターと厨房の間に棚を設けて仕切りとし、さらに上に皿などを並べて客席から厨房の中が見えにくいようにした。

1杯目のグラスはあらかじめセッティング

注文を受けてからグラスを持って行くと営業中のひと手間になるため、カトラリーとともにあらかじめグラスを1脚セット。グラスは、1杯目に注文を受けることが多いビールやスパークリングワインといった「泡用」としている。

その日のコース7皿に合わせるワイン7種を決めて抜栓しておく

お客のほとんどが各料理に合わせたワインを希望するため、コース7皿それぞれに合わせる7種類のワインを決めておき、そのボトルを営業前に抜栓しておく。「抜栓すること自体はそこまで手間ではないけれど、それが7回生じるとそれなりの時間が費やされる」ためだ。なお、ワインの説明は基本的に1組ごとにするが、複数の組に同じタイミングで同じワインをサーブした場合は、厨房からフロア全体に向けて説明することもある。

ワインはリストを記載せず、「おすすめ」を聞いてもらうスタイルに

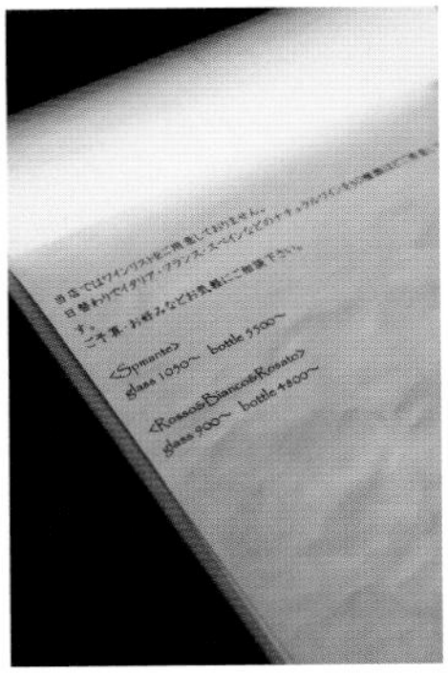

ドリンクメニューは、ビールや食後酒、ソフトドリンクについては種類や銘柄を載せるが、ワインはあえて詳細を記載しない。「日替りで各国のナチュラルワインを30種ほど用意」ということのみを書き、料理ごとの「おすすめ」をお客のほうから聞いてもらえるようにしている。ペアリングは謳っていないもののコースを通して「おまかせ」と注文されることも多く、料理に合うワインを楽しんでもらえるのはもちろん、注文を把握しやすく、出したいワインの出数が増えるのが利点だ。

肉の火入れ時も手が離せるよう低温調理器などを活用

メインの肉料理は、温度設定をすれば手が離せる低温調理器で提供30分前までに火を入れておき、提供前は仕上げに肉の表面をガスコンロの直火で網焼き、もしくは炭火焼きにするだけ。その際は、ベーコンプレスを重石代わりにのせることで、頻繁に面を返したりしなくとも、全面に均一にきれいな焼き色をつけることができるという。

コース提供を終える時間を決め、タイマーをセットしておく

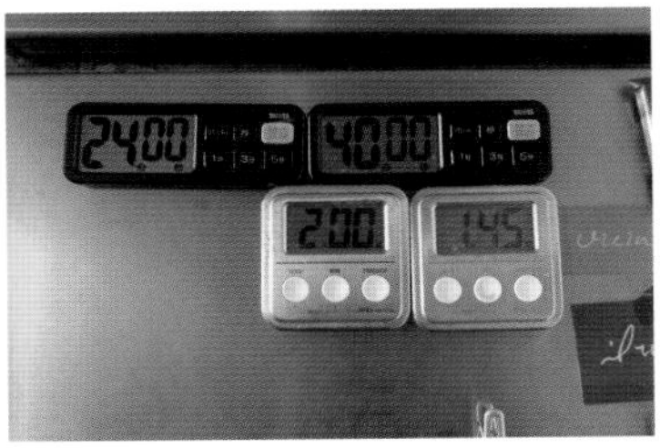

平日は夜に1回転のみの営業だが、土日は昼12時〜、夜は17時〜と19時半〜の1日3営業（一斉スタート）。土日の17時〜の回は1時間45分、それ以外の回は2時間のタイマーを必ずセットし、残り時間をチェックしながらコースの提供をスムーズに終えられるようにしている。

積み重ねられる器を使って事前にチーズを常温にもどす

コースに必ず組み込む「チコリのロースト」に添えるゴルゴンゾーラは常温にもどしてその舌ざわりを楽しませるが、営業前にあらかじめ予約の人数分を銘々の器に盛って、付合せの松ノ実も添えておく。高さがあり、裏側が空洞になっている器を使うことで重ねて置いておけるので、場所をとらずに「あとはチコリを盛るだけ」の状態まで準備しておけるというわけだ。

パスタはゆで時間の短い手打ちのみとする

コースでパスタを２品提供しており、ともにゆで時間が数分で済む、手打ちパスタとしている。「ゆで時間が長く提供までの時間がかかってしまう」乾麺は使わない。パスタは週２回まとめて仕込み、詰めものパスタやショートは冷凍で５日間、ロングは冷蔵で３日間保存可能。

川邊氏のある日のスケジュール

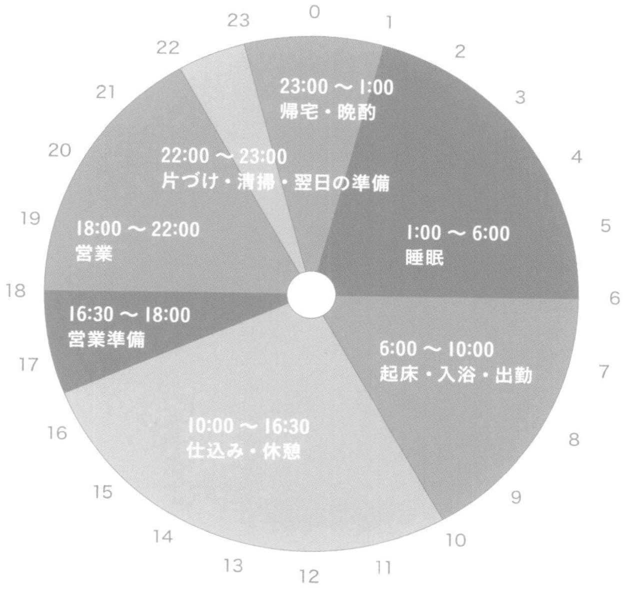

6:00 ～ 10:00
起床・入浴・出勤

起床後、入浴を済ませ、家族とともに朝食をとる。店では仕込みに集中すべくまかないは食べない、しかも夕食は軽めに済ませるので、朝食はしっかりと食べるよう心がけている。自転車で10分ほどで店に到着。途中、近所の鮮魚店に寄り、注文しておいた魚を受け取ってから店に向かうことも。

10:00 ～ 16:30
仕込み・休憩

平日の営業日である水曜・木曜・金曜は、その日の営業分の仕込みをしつつ、スケジュールを立てて、手打ちパスタやトマトソースといった、まとめて仕込むものの作業を進める。この時間にフォカッチャも焼く。仕込みが一段落したら必ず30分間の休憩をとり、営業に備えるようにしている。

16:30 ～ 18:00
営業準備

スペシャリテのチコリをオーブンに入れて火入れを開始したり、肉の低温調理をはじめたりと、営業直前の準備を開始。仕込んでおいたピュレやソース類は、すぐに温めて出せるようすべて真空袋や保存容器からソースパンに移してスタンバイ。フォカッチャは、営業直前にカットする。

18:00 ～ 22:00
営業

平日は最終入店を20時とし、最大４組までの予約を受けつける。土日は12時～の昼営業に加え、夜は17時～、19時半～の2部制で、どの回も一斉スタートにしている。17時の回のお客は19時までに退席してもらう。営業中はあらかじめ決めておいた調理の流れに則り、段取りよく進行。コースを終える目標時間をセットしたタイマーで時間を逐一確認する。食洗機がないので、できる限り食器もたまらないように洗い、片づけも同時並行で進める。

22:00 ～ 23:00
片づけ・清掃・翌日の準備

営業後は残った皿やグラスを下げて洗いものをし、店内をホウキと雑巾で清掃後、翌日のテーブルセッティングをする。その日の売上げを集計し、電話で発注作業を行なう。基本的に営業後に仕込みはやらない。

23:00 ～翌 1:00
帰宅・晩酌

遅くとも23時には店を出て自転車で帰宅。シャワーを浴びた後は、ワインを飲みつつ軽くつまみを食べながら映画を観てくつろぎ、１時には就寝する。

営業時間／平日18:00 ～ (20:00最終入店)、
土日祝12:00 ～14:30、17:00 ～19:00、19:30 ～22:00 (すべて一斉スタート)
定休日／月曜、火曜

A

B

C

D

A

様々な茸のブロード　魚醤
スダチを添えて

秋冬、キノコが旬を迎える季節にコースの最初に定番で出すスープ。今回はポルチーニの生と乾燥、マッシュルーム、アワビタケ、マイタケ、シイタケ、シメジ、エノキタケ、ヤマエノキを使用。これらと炒めたタマネギ、乾燥ポルチーニのもどし汁、白ワイン、しょっつるなどを合わせてとったブロードと、先述のキノコ類のソテーを、営業前に耐熱クッキングフィルムで包んでおく。提供時はフィルムごと温めるだけ。お客の手で包みを開け、添えたスダチを搾ってもらうスタイルで、包みを開けるとさまざまなキノコの芳醇な香りが漂い、コースへの期待感を高める。

B

ブッラータ　シャインマスカット
ホワイトバルサミコ　アーモンド

コース2品目は「切って和えるだけ」ですぐ提供できる品に。主役のブッラータは、コクがあって舌ざわりのよいディ・ステファノ社製。白バルサミコ酢でマリネしたシャインマスカットと合わせ、川邊氏の地元、神奈川県・南足柄産オリーブで作られる、「青みがあってマスカットと相性がいい」というグリーンバスケットジャパン㈱のE.V.オリーブオイル「Any Varieties Blend」を流す。香ばしくローストして粉砕したアーモンドと、さわやかな香りのディルを添えて。

C

金目鯛の粕漬け　カリフラワーと
イタリア米のピュレ　香草

一晩粕漬けにしたキンメダイを香ばしくロースト。下に敷いたのは、ソテーしたカリフラワーとイタリア米を煮込んでからピュレにしたもので、付合せとソースを兼ねた存在だ。パプリカパウダーの風味を移した、ピリッと辛みのあるE.V.オリーブオイルを「焼きものに添える一味トウガラシの感覚で」流す。イタリアンパセリやコリアンダーなど6種のハーブをシャーレに入れて供し、好みに応じてのせてもらい、香りや味の変化を楽しませる。

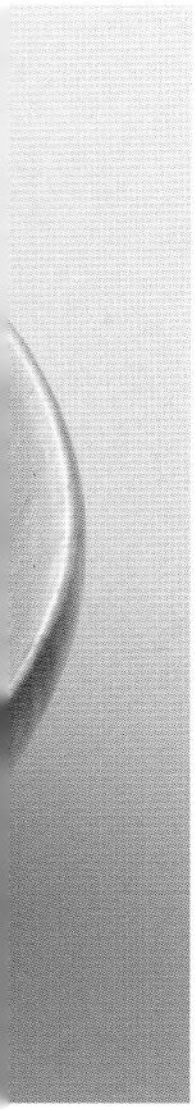

D

チコリの1時間ロースト　ゴルゴンゾーラ・ドルチェ　松の実

フランス料理のチコリ×ブルーチーズという組合せから発想した、通年提供する定番料理。チコリはお客の来店時間の2時間半前から170℃のコンベクションオーブンに入れ、途中出し入れし、かつ徐々に温度を下げながら計1時間ほど熱してとろっとした触感に。この火入れを行なうために1℃単位で温度設定できる機種を導入したという。常温にもどしたゴルゴンゾーラの塩気と口当たり、ローストした松ノ実の触感がアクセント。

E

鴨肉と里芋のラヴィオリ　栗　黒胡麻

コースで2品提供する手打ちパスタのうち1品目は、肉のミンチと季節の野菜を合わせてラヴィオリ仕立てにすることが多い。生地は00粉に卵を加えてのばしたもので、今回の中身は鴨肉のミンチにつぶしたサトイモを混ぜたもの。ソースは昆布だし、クリ、少量の炒めたタマネギを合わせてピュレ状にしたもので、甘みとコクがある味わいだ。仕上げに黒ゴマを添えてクリを削る。ガラス器の内部に木の枝を詰めて、森のイメージを演出。

F

パッパルデッレ　金時人参と胡桃
24ヶ月熟成パルミジャーノ

コースの2品目の手打ちパスタ。いつもはタリオリーニにすることが多いが、「濃度のあるソースの時は、より幅の広い平打ち麺のほうがからみやすい」と今回はパッパルデッレを選んだ。ソテーした金時ニンジンとクルミを合わせて煮てから撹拌した濃度のあるピュレ状のソースをあらかじめ仕込んでおき、提供時に温め、2分間ゆでた麺に和える。仕上げに旨みとコクが強い24ヵ月熟成のパルミジャーノを削りかけ、黒コショウをふって。

G

高知産　四万十ポークの網焼き
ヒヨコ豆　玉葱　クレソン

主菜はたいてい低温調理してから直火で香ばしく焼いた肉料理。今回は、64℃で2時間低温調理した肩ロース肉の塊を、やすませてから提供時に直火で香ばしく網焼きにした。豚は「脂身にクセがない」と好んで使う高知県産四万十ポーク。焼き上がった肉は一度塊でお客に披露し、食べられる量を聞く。塩とクレソンパウダーのみをふって出すこともあるが、今回は昆布だしをベースにしたヒヨコマメのピュレとフライドオニオンを合わせた。

E

F

G

蒸す、揚げる、炒める——。
中国料理の多彩な火入れを組み合わせ、
少量多皿のおまかせコースをリズムよく提供

06 KHAOS

中国菜 KHAOS

住所／福岡市早良区西新 3-15-9 2階
電話／092-845-7322

{ 福岡・西新 }

福岡市内の文教地区に「完全予約制・メニューはおまかせコースのみ」で、2019年2月に開業した中国料理店。2500円のコース（8品）を提供する昼は、女性客を中心に常時満席。「よだれ鶏」、「麻婆豆腐」など定番のほか、約10種を一皿に盛り込む「前菜盛合せ」が人気だ。8000円と1万5000円の2本を用意する夜のコース（10品～12品）には、フカヒレやアワビといった中国料理らしい高級食材も豊富に組み込む。ゲストに「今日は中華を食べた！」との満足感を与えるメニュー構成で、着実にリピーターを獲得している。

河窪 証

1986年福岡県生まれ。調理師学校を卒業後、「スーツァンレストラン陳 名古屋店」に4年間勤務。福岡・博多「四川飯店」のオープニングスタッフとして帰郷し、1年間働く。中村調理製菓専門学校で3年間教鞭をとったのち、2014年に「凛丹」桜坂店の料理長に就き、3年間勤務。その後、同・天神南の「SESSION」で1年弱働き、19年2月に独立開業。

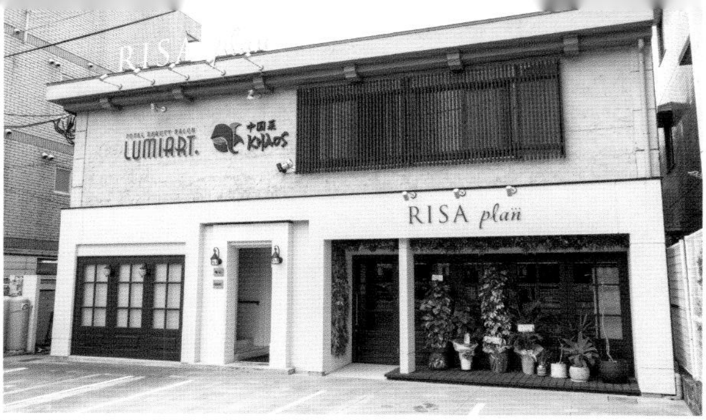

福岡市営地下鉄・西新駅から徒歩10分弱。小中高大にわたる私立一貫校のキャンパスに囲まれた文教地区に立地。近隣のマンションではテナント出店に規制があるため競合店がなく、近隣の住民に重宝されている。内装は家主でもある㈱荻田商業建築デザイン事務所に依頼。一般的な「中華」のイメージとは異なる、モダンで落ち着いた雰囲気にまとめた。レイアウトはワンオペを前提にカウンターを中心に設計。厨房の火口を1口に絞り、そこから店全体を見渡せるようにした。

店舗面積／15坪（うち厨房6.5坪）
席数／カウンター6席、テーブル12席
客単価／昼2500円、夜1万3000円

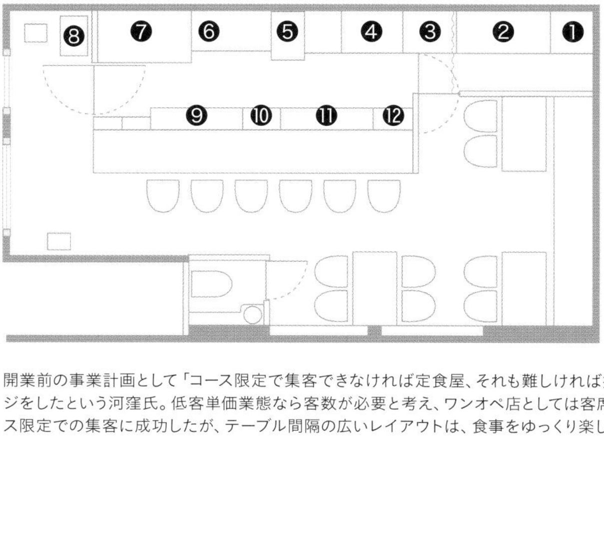

❶食洗機　❷❿シンク　❸炊飯器
❹IHヒーター　❺中華レンジ
❻スチコン　❼冷凍・冷蔵庫
❽ワインセラー　❾コールドテーブル
⓫冷蔵ショーケース　⓬製氷機

開業前の事業計画として「コース限定で集客できなければ定食屋、それも難しければ担々麺専門店」とのリスクヘッジをしたという河窪氏。低客単価業態なら客数が必要と考え、ワンオペ店としては客席を広めに確保した。幸いコース限定での集客に成功したが、テーブル間隔の広いレイアウトは、食事をゆっくり楽しむお客にとっても好評だ。

ワンオペを前提に、「やらないこと」を決める

「１人で全部やろうとしても限界がある」と河窪氏。「人を雇わない」、「アラカルトは置かない」、「生ビールは出さない」、「ハイボールは置かない」、「ドリンクは注がない」、「ふり客や直前予約は断る」など、コースメニューをワンオペで提供するために、まずは「やらないこと」を決めたうえで、店の在り方を決めていった。

立地は福岡の中心地から離れた場所に

もともとワンオペかつコースメニュー限定での店作りを考えていたため、客数で勝負するつもりはなかった。また、家賃の支払いのために集客に追われるような経営はしたくなかったので、「安くておいしい系」の競合店がひしめく天神や博多などの中心部は除外して物件を探し、最寄り駅から徒歩10分ほどの静かな文教地区に出店を決めた。

完全予約制にし、予約の時間もオペレーションを考慮して設定

昼は、基本的に12時一斉スタート。例えば12名のお客に対し、１品を６名分ずつ仕上げ、２回に分けて提供する。予約を受ける際は、夜は２～３組を前提に時間を調整。「接客面でもっとも時間がかかるのは、おしぼり提供やドリンクのオーダーテイクが必要な来店時なので、前の組に前菜盛合せやフカヒレの提供を終えてひと息つける１時間後に次の組を迎えるなど、接客のリズムを考慮しています」

SNSは、“半分プライベート”でカジュアルに楽しむ

情報発信はSNSが中心。独立前に店のアカウントを取得したInstagramが主で、週１回の頻度で投稿する。内容は考えすぎず、家族とのエピソードなどプライベートな情報も。ストーリーズのアンケート機能を利用してコース内容や価格の希望を聞いたこともあるが、販促効果よりは、お客とのコミュニケーションとして気軽に楽しんでいる。

価格は複雑にせず、「Airレジ」を活用して会計

会計には、無料のPOSレジアプリ「Airレジ」を利用。営業中に打ち込んだ売上げデータが、そのまま会計ソフトに転送されて分析もできるため経理面での省力化につながっている。料理はコースメニューのみでドリンクもできるだけ価格を統一しているため、タブレットの画面上に表示される商品タブが少なく、打ち込み操作も簡単にできる。

コースの価格を変える際は、思いきって変える

昼のコースは2019年２月の開業当初から2500円で据え置き、手堅く利益を確保。一方、4000円と8000円の２本でスタートした夜のコースは、20年10月に8000円１本に絞り込んだ。22年４月からは、さらに１万5000円のコースも設け、客単価も売上げも２～３割上昇。「値上げ幅が大きければ、客数が減ってもカバーできる。値上げと同時に原価を一気に上げてインパクトを与えるためにも、変えるなら思いきって変えるべきと考えています」

自身の立ち位置を、客席全体が見渡せる店の中心に設定する

中華レンジは1口のみで、厨房の中央に設置。カウンター上に目線を遮るものは置かず、カウンター席もテーブル席も見渡せるように。食事やドリンクの進み具合を目で見て把握しながら、調理を進めるためだ。

手が離せない時の予約の電話は、時間を指定してかけ直してもらう

予約の大半を電話で受けているので、営業時間中にも電話が入る。受話器はとるが、ちょうど料理の仕上げで手が離せない時などは、ひと段落する時間帯を伝えたうえでかけ直してもらう。また、留守番電話は、「録音を聞いてかけ直すのに案外時間をとられるため」設定しないことにした。

「蒸すだけ」、「揚げるだけ」で仕上がる料理をバランスよく組み込む

春巻き、餃子といった点心やスープなど、営業中は揚げるだけ、蒸すだけで提供できる料理をコースにうまく組み込むことで、ワンオペでもスムーズに熱々の料理を提供。フカヒレや麻婆豆腐のように、営業中に中華鍋をふって焼いたり炒めたりする料理は、基本的に1コースに2〜3品までとしている。

スープは圧力鍋を使い、短時間でとる

熱源として卓上のIHヒーターも活用。スープは2種類とるが、圧力鍋で仕込み時間を短縮する。通常なら鶏ガラを用いて4時間ほどかかる清湯は、鶏と豚の挽肉、香味野菜を圧力鍋で煮立たせ、圧力をかけてから40分間ほどで完成。豚足や丸鶏を使用する白湯も、圧力鍋で煮崩してから撹拌して約30分間沸かせば、トータル2時間弱ででき上がるという。

ビールは瓶のみとし、ドリンクの種類も絞り込む

あくまで料理中心に楽しんでもらうため、ドリンクメニューは種類を絞り込んで用意。瓶ビールと瓶の焼酎ハイボールは全品780円など価格を統一し、会計作業もシンプルに。また、お客自身でグラスに注いでもらう。注ぐのに時間がかかり、かつ営業中には高温になる厨房での品質管理が難しい生ビールは導入していない。

ドリンクの追加は、先読みして声をかける

ドリンクの提供やオーダーテイクは、できるだけ料理の提供とタイミングを合わせるよう工夫。料理の提供時にグラスの残りが少なければ「次はどうされますか？」と早めに声をかけると、皿を下げる時など次のサービスのタイミングで注文してくれることが多いという。尋ねたタイミングで「もう結構です」と言われたら、次のサービス時にお茶を出すこともできる。

ワインリストは置かず、解説付きのカードを提示

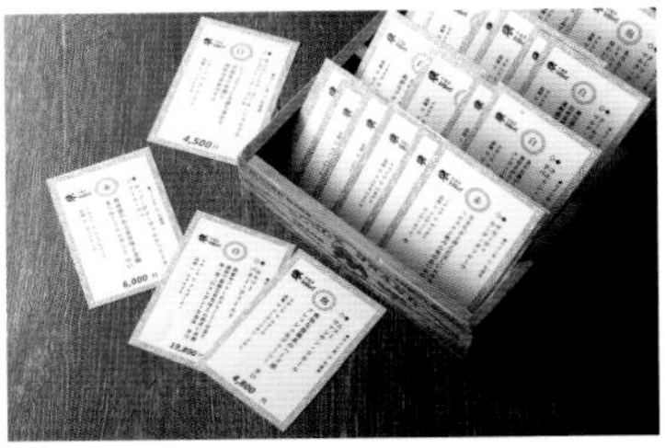

ボトルワインは、自然派ワインを数十種類用意。アイテムの入れ替えや品切れの際に書き換える必要がないように、まとまったリストは作成していない。ボトルワインを注文したいお客がいれば、卸業者が用意してくれた店名ロゴ入りのワインカードから選んでもらう。

メニュー表は作らず、臨機応変に対応する

紙に書き出す料理のメニュー表はなくし、負担を軽減。流れや品数も完全には固定せず、ドリンクの選択、年齢や性別で量を微調整する。たとえば年配のお客には、腹にたまりやすいスープ料理をやめて、その代わりとしてご飯に少量のスープを添えるなど。「あとは、『少なめにしておきましたので、もし足りなかったら言ってください』とひと声かけたり。個別に調整したほうがお客さまから喜ばれます」

営業中は絶対にバタバタせず、手が離せない時は「待って」とお願いする

「ゲストに気を使わせないよう、けっして急がず余裕をもって対応する」のが河窪氏の流儀。手が離せない時は、素直に「少々お待ちください」と言えば理解は得られるもの。「おまかせコースを楽しみに来てくださるお客さまは、時間や気持ちに余裕もあるので」と河窪氏。厨房の様子をフルオープンで見せるなど、応援してもらえる雰囲気作りもポイントだ。

器は色とりどりに、盛りつけはシンプルに

中国料理には、揚げたネギや白髪ネギ、野菜の飾り切りなど定番のトッピングがあるが、味の要素として必須でなければ極力省く。そのぶん器で彩りを添えられるよう、有田焼などの和食器を中心に、金彩や銀彩なども含めて色や形に変化をつけた器を用意している。

ダクトの清掃は、専門業者に依頼する

ダクトの清掃は開業直後から月1回専門業者に依頼している。「この規模だとそこまで汚れないので、月に1回徹底的に掃除してもらえたら充分」

河窪氏のある日のスケジュール

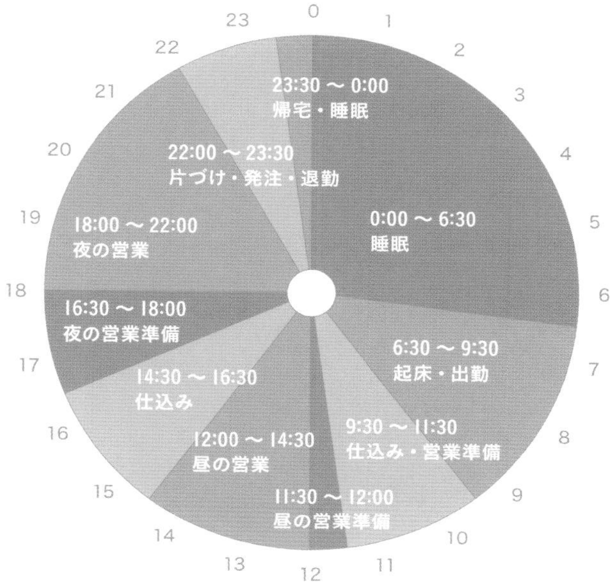

6:30 〜 9:30
起床・出勤

朝食をとり、共働きの妻が出勤したのち、小学生、保育園児の子どもを送り出して8時半頃に自宅を出る。通勤時間は原付バイクで30分ほど。途中で食材を仕入れながら店に向かい、9時半頃に到着。

9:30 〜 11:30
仕込み・営業準備

朝一番に店内を清掃し、おしぼり用のタオルをウォーマーにスタンバイ。スープをとる、フカヒレなどの乾貨をもどすなど、まとまった時間を必要とする仕込みを行なう。また、昼夜合わせて20種近く用意する前菜は、基本的に1品につき2日分を仕込み、毎日半数を仕込む形でまわしている。ランチ用の料理は、あとは蒸すだけ、揚げるだけなどの段階まで仕上げる。

11:30 〜 12:00
昼の営業準備

10種類ほどの料理を一皿に盛り込む「前菜盛合せ」の盛りつけをスタート。スープも1人前の器に取り分け、スチコンで温める。

12:00 〜 14:30
昼の営業

ランチ予約は基本的に12時スタート。お客が到着したら、おしぼりと温かいお茶を出し、コース8品を約2時間で提供する。14時半になったら、閉店を伝える。

14:30 〜 16:30
仕込み

杏仁豆腐、北京ダックなど定番料理を仕込む。翌日朝の仕込みに向け、前菜用の野菜の切り出しなどの下準備も進める。食事はとらず、プロテインで栄養補給。喉が渇いた状態だと味覚が変化するため、水分はこまめに補給する。

16:30 〜 18:00
夜の営業準備

夜のコースで提供する料理を、8割方完成させる。アミューズの蒸しパンに挟むフォワグラを切ってマスカットと重ねる、前菜盛合せの料理を小皿に盛り込む、蒸しスープの具を器にセットして蒸すだけにしておく、など。

18:00 〜 22:00
夜の営業

10 〜 12品のコースを、およそ15分に1品のペースで提供し、3時間以内に終える。客数は平均2組〜3組。18時台に予約が集中した日は、21時台に閉店することも。

22:00 〜 23:30
片づけ・発注・退勤

閉店後に片づけと発注を終え、遅くても23時半までには店を出る。

23:30 〜翌 0:00
帰宅・睡眠

帰宅後は、入浴・就寝。営業日は味見でそれなりに食べるので、夕食はとらない。

営業時間／12:00〜15:00、18:00〜22:00　定休日／月曜

A

北京ダックと広東ダック

夜の1万5000円のコース(以下、同)の幕開けは、店名ロゴを焼印で押した蒸しパンサンド。低温で蒸し上げたのち、紹興酒ベースのタレに漬け込んだフォワグラとマスカット、北京ダックの皮を重ねて挟んだ、手で食べられるアミューズだ。一方、胸肉のほうは広東料理の焼きものスタイルに。梅肉の甘酸っぱいソースを添えて1皿で2つの味が楽しめる仕立てとしている。下準備は営業前に済ませ、蒸しパンは切り目を入れたのちスチコンで温めてスタンバイ。それぞれの触感や温度を守るため提供直前に挟んで仕上げる。

B

前菜盛合せ

2品目に提供する前菜は、お酒のつまみになるような小菜を7品盛り合わせたもの。写真は右上から時計まわりに「クリームチーズの紹興酒漬け、オクラのネギソース和え」、「スッポンの小籠包」、「鮎の香辛料煮」、「トマトとマスカットのネギ山椒和え」、「くるみと糸島ピーナッツの飴がらめ」、「大根餅とレンコンのマスタード和え」、中央が「よだれ鶏」だ。要素は多いが、それぞれ事前に小皿に盛りつけてあるので営業中は大皿に並べるだけ。また、小皿を使うことで、小籠包は熱々でマリネは冷たくなど、料理ごとに適した温度で提供できる。なお、前菜の盛合せは昼のコースでも人気だが、昼夜共通の料理は小皿に盛るよだれ鶏のみ。その他は大皿に直に9種の野菜料理を盛り込むスタイルで、営業前に盛りつけを終わらせておく。

C

焼き胡麻豆腐のピータン豆腐

3品目は「豆腐×豆腐」の温前菜。ゴマのペーストを葛粉で固める日本料理「胡麻豆腐」と、皮蛋と香味野菜をきざんで混ぜ合わせたタレをかける中国の豆腐料理「ピータン豆腐」を掛け合わせて考案したものだ。胡麻豆腐は片栗粉をまぶして表面を香ばしく焼き、そこにピータン豆腐のタレと豆腐を混ぜ合わせたペースト状のソースをたっぷりとかける。さらにトッピングとしてウニやイクラをこぼれんばかりに盛り、視覚的にも印象的な1品に。直前の前菜盛合せが、ゆっくり時間をかけて楽しんでもらえる皿なので、ここではしっかり時間をとって盛りつけができる。

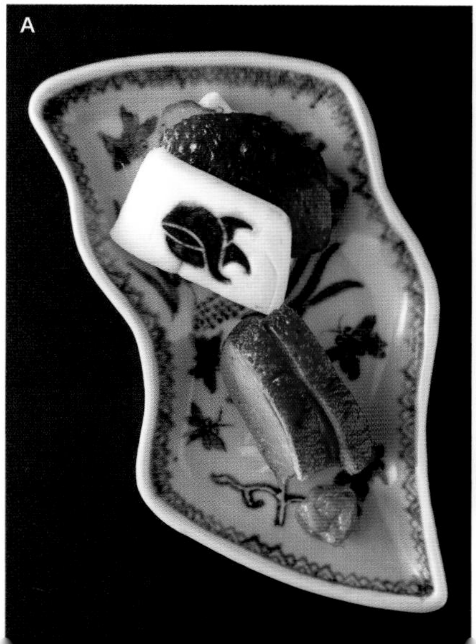

D

焼きフカヒレの白湯醤油煮込みソース

夜のコースの山場であり、中盤に提供するフカヒレ料理。フカヒレなどの乾貨をもどす作業は午前中に設定しており、醤油で煮込んで味を含ませるところまで仕込む。あとは中華鍋で仕上げる見せ場の調理として、営業中に厨房内で仕上げていく。8000円のコースではヨシキリザメのフカヒレを紅焼姿煮にしているが、1万5000円のコースでは繊維の太いモウカザメの大きなフカヒレを切り分けて用い、表面をカリッと煎り焼きに。揚げナスの上に盛りつけ、紅焼の煮込みと同じソースをかけて提供する。

E

干し鮑の香港風土鍋ご飯

締めの一品は、土鍋に米を入れ、具材をのせて炊き上げる香港風の炊き込みご飯。干しアワビ、腸詰、干しシイタケといった旨みの強い具材を組み合わせ、最後まで満足感の高い内容に。土鍋ごと客席に運んで炊き上がった様子もプレゼンテーションしてから銘々に盛り、野菜の蒸しスープとともに提供する。厨房には炊飯器もあるが、土鍋ご飯は、付属の台にのせ、固形燃料で加熱して炊き上げる。そのため、グループごとに炊きたてのご飯を提供できるのも利点だ。

8坪・カウンター8席の「マイクロビストロ」。
営業中にも仕込みをうまく組み入れ、
日替わりアラカルトでの通し営業を実現

07 pétanque

ペタンク

住所／東京都台東区浅草 3-23-3 上野ビル 101
電話／ 03-6886-9488

{ 東京・浅草 }

浅草駅から徒歩10分ほどの元・花街に2017年に開業。自然派ワインとともに、名物の「ウフマヨ」をはじめとした20品ほどの料理（単品440円～2420円）を日替りで提供する。フランス料理をベースにしつつ、鶏の唐揚げや生姜焼き風の豚肉ソテーなど親しみやすい定番も。また、グラスワインは一律990円で量を調整するなど、使いやすさも重視している。コンパクトな店だからこそ「食事とワインを楽しむ心地よい雰囲気」とのコンセプトをゲストと共有。開業以来、女性客を中心に人気を博している。

山田武志

1976年東京都生まれ。「ヌキテパ」、「ザ・ジョージアンクラブ」で修業し、2004年にハンガリーの日本国大使館の公邸料理人に。帰国後「グレープ・ガンボ」でスーシェフを務め、06年に渡仏し「ズ・キッチン・ギャラリー」へ。帰国後、グレープ・ガンボ、「ワインショップ＆ダイナー フジマル 浅草橋店」のシェフを経て17年独立。

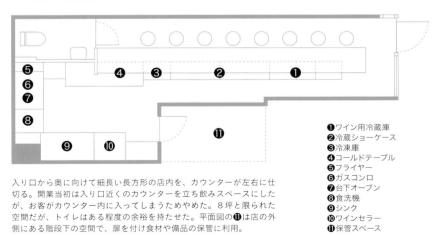

1　入り口から見た店内。2　カウンターを挟んで左が厨房。火口は奥に集約され、その右手前の見えない位置にこまごまとした調理道具を配する。3・4　店内の随所に山田氏のユーモアを感じさせる小物が。5　浅草駅から徒歩10分ほどの元・花街、観音裏に位置。看板のロゴは山田氏の似顔絵がモチーフ。窓には店のコンセプトを表す「MICRO BISTRO」と書かれる。

店舗面積／８坪（うち厨房５坪弱）
席数／カウンター８席
客単価／7500円

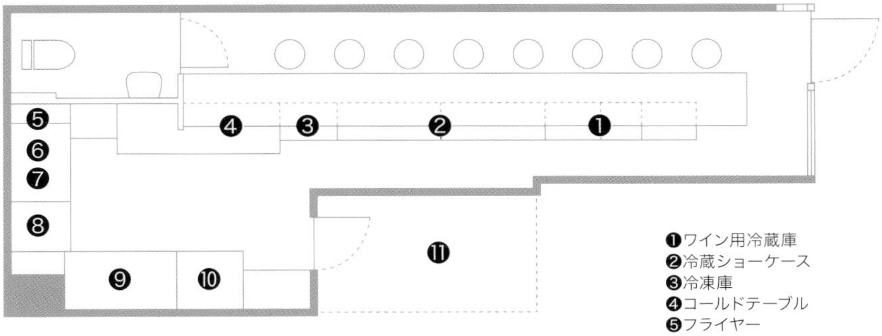

入り口から奥に向けて細長い長方形の店内を、カウンターが左右に仕切る。開業当初は入り口近くのカウンターを立ち飲みスペースにしたが、お客がカウンター内に入ってしまうためやめた。８坪と限られた空間だが、トイレはある程度の余裕を持たせた。平面図の⓫は店の外側にある階段下の空間で、扉を付け食材や備品の保管に利用。

❶ワイン用冷蔵庫
❷冷蔵ショーケース
❸冷凍庫
❹コールドテーブル
❺フライヤー
❻ガスコンロ
❼台下オーブン
❽食洗機
❾シンク
❿ワインセラー
⓫保管スペース

予約は電話のみとし、案内時に店のコンセプトを伝えて客層を絞る

予約は電話のみで受け、その際に「ワインと食事を楽しむ店であることやグループ全員が揃ってからの料理提供になること」を明確に伝え、お客の理解を促すとともに客層を絞る。山田氏とお客双方の「楽しませ方」と「楽しみ方」が一致するだけでなく、同じ目的で来店するお客同士により、小さな店ならではのまとまりのある雰囲気が作られる。

温度管理ができ、時間の読めるフライヤー。場所をとらない小型卓上版を置く

「メニューに変化がつく」と、鶏の腿肉の唐揚げや主菜の付合せのポム・フリットなど、定番品にも揚げものを組み込む同店。温度調整の手間がなく、揚がるまでの時間も安定するフライヤーを導入し（写真右奥）、作業を効率化。2品以上の揚げものの提供タイミングが同じになる場合は、同時に揚がるよう提供までの分数を逆算し、素材を時間差でフライヤーに投入。

クラウド型POSレジで経理業務を外注

開業前の資金調達から業務を依頼している税理士に、日々の経理業務も外注。売上げがリアルタイムで共有されるクラウド型POSレジを活用し、集計作業をすべてまかせている。慣れない経理業務によるストレスから解放され、浮いた時間を趣味や家族との時間に充てて英気を養い、仕事に還元していく考えだ。

客席から見えない壁も駆使し、狭い空間に必要なものを集約する

カウンター奥に仕切りを設けて客席からの死角を作り、そこに営業で使う多くの調理器具、消耗品をまとめる。壁にもフック式の収納ボックスや棚、ペーパーホルダーを取り付け、必要なものがすべて手に届く範囲にあるようレイアウト。収納ボックスはホームセンターで販売されている工具入れで、箱の大小がさまざま、かつ配置換えも簡単。

カウンターの膝が入る空間は浅めにし、お客が自然と向き合い会話が生まれる空間に

カウンター下のスペースは、あえて奥行きを浅く、かつ足を組むほどの余裕はない高さのため、ゆったり座ろうとするとお客の身体が自然とカウンターに対して斜めになる設計に。デザイナーからの提案だったが、これによりお客同士が向き合って会話を楽しみやすい状況が生まれるとともに、お客の視線はカウンター内から逸れ、山田氏は調理とサーブに集中しやすくなる。

大きな板を活用し、臨時の作業台や食器を乾かす場所を作る

厨房でのまとまった作業スペースは、カウンター前のコールドテーブルのみ。そのため、必要に応じて、大きな板をガスコンロやシンクの上にのせ、臨時の作業スペースとする。主な用途は、食洗機でまとめて洗ってふいた皿の一時置き場と、一度に多数の料理を盛る時の盛りつけ台。板は普段は壁に立てて収納する。

仕込み用の段取りリストを組んで毎日更新

限られた時間を有効に使えるよう、仕込みの段取りのリストを作成。ドタキャンを減らすため、予約は２週間先までしか受けておらず、２週間の予約状況を考慮し、魚の仕入れ、煮込み料理など、大きな仕込み日を決める。細かな仕込みはそれ以外の日や、大きな仕込みの合間に、日持ちがよいものは作業量の少ない日に適宜仕込む。

一皿に使う各種パーツ入りの容器は一度に取り出せるよう冷蔵庫に重ね置く

営業時の作業を簡素化するため、一皿に使うパーツは重ねてまとめ、冷蔵庫に収納。提供時に一気に取り出し、使用後は同様に重ねて戻す。また、よく使うパーツは手前、前菜系はここ、主菜系はそこと分けて収納する。写真は「海老のレモングラスマリネ」のパーツの基本セット。この他に、営業中にその場でソテーしてマリネするエビと果物（撮影時はイチゴ）を用意。

営業後、残ったパーツの量に応じて容器を移し替え、翌日の仕込みを確認

野菜、ソースなどの仕込んだパーツは、重ねやすい蓋付き保存容器にストック。容器は複数サイズをいくつも用意し、毎日営業後にすべてのパーツをジャストの大きさの容器に移し替え、パーツの在庫を確認し翌日以降の仕込みの予定を立てる。一目で各パーツの残量がわかり、かつ全体をサイズダウンすることで冷蔵庫内に空きを作ることができる。

仕込みは本腰を入れてやるのと、隙間時間や営業中でも可能なものに分ける

以前は夜のみの営業だったが、コロナ禍でランチ営業を行なったこともあり、以降は14時開店に。営業時間が長くなったことで仕込み時間が短くなった。そのため、短時間で済んだり、途中で手を止めても支障のない仕込みは営業中や隙間時間にまわす。一方、途中で手を離せない仕込みや、火口を長時間使う煮込みなどは営業前に確実に済ませておく。

料理を取り分けて出すかは、お客の雰囲気次第で、時にはまかせる

料理の取り分けはお客によって得手不得手があり、また、いつまでも取りきらずに皿の上に料理が残る状況を避けるため、基本的に山田氏が銘々に盛りつけて提供する。ただし、お客同士が気のおけない関係などで取り分けが自然にでき、それが店のよい雰囲気作りにつながると判断した場合は、一皿に盛って取り分けをお客にまかせる。

お客を待たせず 段取りよく出せるよう、 主菜のオーダーまで最初にとる

たとえば２人客には、最初に主菜１～２皿、前菜３～４皿を目安に選んでもらい、主菜は後からの注文だと時間がかかる旨を伝える。一方、麺飯やデザートはお腹の空き具合を考え、追加注文をすすめる。「最初に前菜、主菜が決まることで、より最適な提供順やタイミングを組み立てられ、またゲストも注文後は食事を楽しむことに集中できる」。なお手書きのメニュー表は一つだけとし、見せながら説明をする。

計算しやすいようグラスワインは 一律990円で量を変える

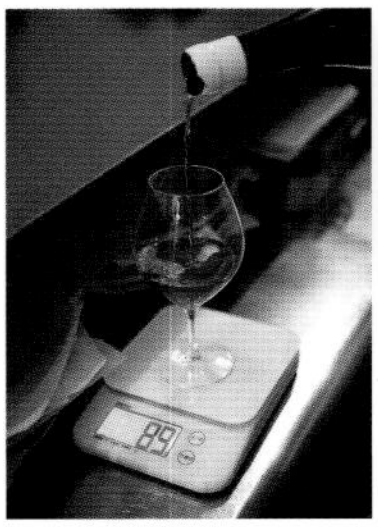

以前はボトルの価格に応じてグラスワインの価格を変えたが、値段を気にして飲みたい品を注文できないお客がいる点に気づき、価格は一律、量を80～100ccの間で変える形に。結果、計算が簡素になり、伝票に書き忘れた場合もお客も杯数は覚えていることが多く確認しやすくなった。リストは用意せず、お客の好みに応じてボトルを見せて説明するが、１本の値段と１杯の量を記した札を下げておく。

メニュー表の料理数が 減らないよう、 料理の在庫数を管理

メニュー数は常に20品ほどをキープ。それぞれ１日の提供数を細かく管理し、数を超えたら“売りきれ”に。一気に出さずにふり分けることで、次の料理の仕込みのタイミングを計画しやすく、かつメニュー表に載る料理の数も一定に保たれる。なお看板料理の「ウフマヨ」は、ほとんどのお客が注文するため、予約数＋αを用意。

注文した料理全体の 内容に合わせて付合せを変更

最初に主菜までのオーダーを決めてもらうことで、一組に出す料理を俯瞰で見ることができ、流れを意識してコースのように提供順を決める。同時に、付合せの野菜が被らないよう調整したり、サラダ系のメニューがあれば付合せは葉菜以外の野菜を増やすなど、フレキシブルに変更。結果としてお客一組ごとのトータルの満足度を高められる。

調理時間の逆算で 料理の提供ペースを作り、 お客の体感の待ち時間を減らす

たとえば「ウフマヨ」、「チューリップカラアゲ」、「海老のレモングラスマリネ」の注文が入った場合、ウフマヨは１分で出せるが、食べ終わるのも早い。唐揚げは６分、エビのマリネは20分調理にかかる。そこでエビのマリネの提供時間を基準とし、ウフマヨをすぐ出さず、エビや唐揚げの調理を開始。10分後、お客がドリンクでつないでいるところへ、ウフマヨ、唐揚げ、エビとテンポよく出し「待った」印象を持たせない。

下げた皿はサイズ別にシンクに。 グラスは箱に並べる

営業中は、二槽シンクの一槽に下げた皿をためておき、手が空いた時や営業後にまとめて洗う。シンクの中では、皿はサイズ別に重ねて、限られたスペースを有効活用。一方グラスは取っ手付きの箱にまとめて入れておき、営業後にシンクや食洗機まで運んで洗う。なお営業中は食洗機のすすぎ機能を使い、温水で主菜用の皿を温めることも。

山田氏のある日のスケジュール

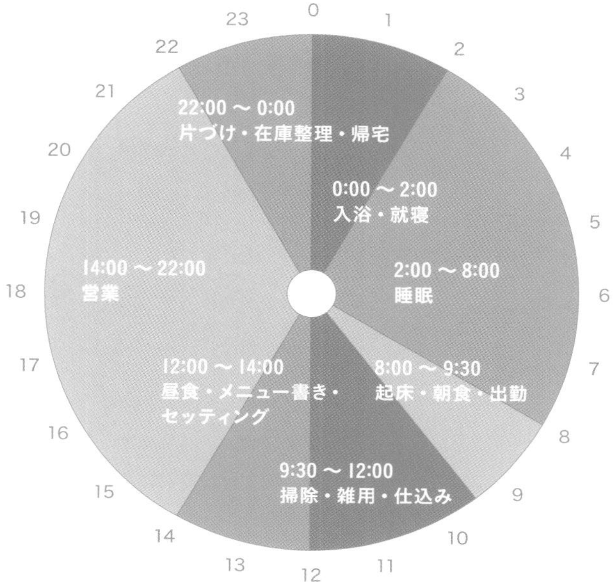

8:00 〜 9:30
起床・朝食・出勤

起床後、コーヒーとパンと卵料理で朝食をとる。ニュース番組で社会情勢と天気をチェックして、出勤。自宅から店まで自転車で5分ほど。

9:30 〜 12:00
掃除・雑用・仕込み

店に着いたら、まずは掃除、銀行での支払い作業といった雑用を済ませる。予約状況を確認し、魚が必要であれば発注する。10時半頃から仕込みをはじめる。火口を占領する煮込みや魚介の下処理など途中で手を離せない大きな仕込みは、この時間帯に集中して行なう。そうした大きな仕込みがない日は、コンディマンなど保存のきく細かなパーツの仕込みを随時進める。途中、野菜や魚、ワインなどが届けば受け取って、片づける。

12:00 〜 14:00
昼食・メニュー書き・セッティング

ある程度仕込みが終わったら、12時頃に軽く食事をとりながら、日替りであるその日のメニューを手書きする。カトラリーのセッティングを行なう。

14:00 〜 22:00
営業

平日はゆとりのある日も見られ、営業中、手が空けばタマネギの皮むき、煮込み用のマリネなど片手間でできる仕込みも行なう。なお、17時頃の予約は前後の時間帯に予約を入れられなくなるため、予約は14〜15時頃と18時以降とする。当日空いていれば、間の時間や遅い時間にふりのお客を入れることも。

22:00 〜翌0:00
片づけ・在庫整理・帰宅

営業後、片づけをし、料理の在庫の確認と保存容器の入れ替えをしながら、翌日にすべき仕込みを整理し、必要な素材を発注する。野菜は季節のリストを農家からLINEで受け取り、注文。営業中に終えられなかった細かな仕込みのうち、翌朝の仕込みにつながるものはこの時間に済ませ、厨房を掃除し、帰宅。

0:00 〜 2:00
入浴・就寝

帰宅後すぐに風呂に入り、くつろいでから就寝。なお休日は、来店してくれた同業者の店や、気になる店、場所に出かける。

営業時間／14:00 〜22:00
定休日／不定休

B

A

C

A

ウフマヨ

取材などのメディア対応も自分1人ですることを考慮し、「すぐに出せる」、「印象に残る」ものをと考案した、同店の看板料理。半熟ゆで卵に自家製マヨネーズをかけるシンプルな品だが、皿とするワインボトルコースターを含めてトータルのビジュアルで印象的に。マヨネーズは塩、酢の代わりにアンチョビー、マスタードを使い、ゆで卵との相性のよさと旨みを高め、かつまろやかな酸味に仕上げる。1皿440円の気軽さもあり、お客のほぼ全員が注文する人気メニュー。

B

海老のレモングラスマリネ

エビは冷凍品を解凍し、さっとソテーしてから、レモングラスとコブミカンの葉、ニンニクのオイルでマリネ。一緒に盛る赤ダイコンと黄ニンジンも、それぞれレモングラスとコブミカンの葉とともにグレックにし、東南アジアの香りが漂う品とする。エビと果物の相性のよさから今回はイチゴを添え、トマトベースのコンディマン、赤タマネギのドレッシングをラフにかけ、食べる場所により味の変化がある形に。もともと夏のメニューだが、お客の要望で定番化。夏はマンゴーとレモングラスのガスパチョ仕立てなど、幅広くアレンジしている。

C

和とんもち豚肩ロースのポークジンジャー

「フランス料理を食べ慣れない人でも親しみやすいように」、生姜焼きのイメージで調味する定番の主菜。オーダー後に切り出した豚の肩ロース250～300ｇの表面をフライパンで焼き、台下オーブンで火を入れ、醤油、ショウガ、ニンニク、赤ワインヴィネガー、チリパウダー、砂糖を合わせたソースをからめる。仕上げに「コクが残る」バーボンでフランベし、ローズマリーとともに揚げたジャガイモを添える。豚肉に比べて傷みにくい牛肉や鴨肉は、掃除して２人分のポーションに分けるところまで仕込む。

D

チャハーン!! もち豚スパイス煮込み

もともとバターライスを炒めた洋風「チャーハン」を出していたが、ある時そこに肉の煮込みをのせたところ好評を得た。以降すべての具を炒めずにのせるスタイルとなり、メニュー名を「チャハーン」に。日本米、ジャスミンライス、バスマティライスのブレンドをビリヤニミックスとともに炊いたものに、豚肉、シカ肉、魚、牡蠣など、その時々の煮込みと、季節の野菜、スクランブルエッグをのせ、軽く混ぜて食べる。営業中の調理の手数が少なく、追加注文でもお客を待たせずに出せる締めの定番だ。

店主の苗字を掲げた簡素な店名のごとく、
皿の上もごくシンプル。
食材の持ち味を飾らず生かし、提供もスムーズに

08 KASAI

笠井

住所／東京都目黒区八雲 3-6-22
電話／03-6421-3517

{ 東京・都立大学 }

東京・目黒区の高級住宅地である八雲で、2019年12月に開業したカウンター9席のレストラン。「イタリア料理をメインとしつつ、その枠にとどまらずに食材の魅力を一番生かせる料理を」との思いから、和食や中華といった他ジャンルの調理法も取り入れた、1万3000円（約7皿）のおまかせコースを提供する。料理の構成はごくシンプル。これまでに築いたつながりを生かして各地から最良の素材を仕入れ、皿の構成要素を絞って主素材を引き立てるスタイルが、スムーズな提供にも寄与している。

笠井 篤

1986年大阪府生まれ。調理師学校卒業後、神戸のイタリア料理店に3年間勤務。その後「アロマクラシコ」に3年弱勤務し、イタリアに渡り、2年間北部で修業を積む。帰国後、神奈川・横浜にある「カンブーザ」を経て、「TACUBO」で1年半ほど勤務した後、2019年12月に独立する。

中国料理店「わさ」の居抜きで、ガス台、台下オーブン、冷蔵庫、恒温高湿庫などの厨房機器はそのまま使用し、生ハムスライサー、パスタマシン、炭火の焼き台を新規導入。営業中は正面左手で盛りつけや切りものをし、中央の中華コンロを使い中華鍋でパスタをゆで、その右の炭火の焼き台、ガス台で加熱調理する。写真で見えない右奥に冷蔵庫や製氷機、流しがある。

店舗面積／13坪（うち厨房約５坪）

席数／カウンター９席　客単価／1万8000円

定番でとるだしは アサリのブロードのみとする

だしを複数有すると管理が煩雑になるため、店で使用するだしは「魚介、野菜、肉いずれとも相性がよく素材の味を邪魔しない」というアサリのブロード一種としている。冷凍しても味があまり落ちないことから、一度に多めにとって仕込み時間も短縮。パスタソースなどの肉の煮込みには、「肉から出る味で充分」と、ブロードは使わない。

恒温高湿庫で 魚介や肉のロスを減らす

「わさ」から引き継いだ恒温高湿庫。送風なしで庫内をほぼ一定の温度、高湿度状態に保てる。素材の鮮度を保ちやすい0℃に設定し、ペーパーで包んだ魚介や肉を保存。毎日ペーパーを取り替えることで、1日の客数が少ないワンオペ店でも品質を落とさずに素材を使いきることができている。

1品目はより手数少なく、 かつできたてを表現できる皿に

「イタリア料理らしく、おいしい生ハムを最初に」と、ニョッコ・フリットに生ハムをのせた品を1皿目の定番に。少ない構成要素で、手数も少なく調理時間も短いが、熱々の生地、スライスしたての生ハムで「できたての味」を表現。生ハムはパルマ産の12ヵ月熟成品。席数が少ないため特別にブロックに切ってもらって仕入れ、ロスを減らす。

一皿に多くの要素を 盛り込まないシンプルな構成

笠井氏の料理は、基本的に主素材を含めて要素が3種程度まで。自身がシンプルな料理を好むことが第一だが、結果的に盛りつけ時間の短縮となっている。浮いた時間を営業中の細やかな調理にあて、スムーズなオペレーションと料理のクオリティアップを図る。

リゾットは営業中に生米から炊くが オーブンを活用して 手間なく高品質な品を

笠井氏のリゾットは営業中に米を炒めてだしを加え、蓋をしてオーブンで炊き上げるスタイル。火にかけて作る場合の途中でブロードを加える、焦げつかないように混ぜるなどの作業が不要で、火口もふさがずに済む。時短のため途中まで炊いておく店もあるが、笠井氏は「時間にしても数分の差しかないのに食味が落ちる」と考える。

値段が高くてもそれだけでおいしい ヴィネガーをドレッシングに

肉料理に添えるサラダに自家製ドレッシングなどは用いず、香り高く酸味の柔らかなフランボワーズヴィネガーやバルサミコ酢で和えるのみとし、そのぶんより高品質で風味のよいものを選択。「調味料は一度に使う量が少ないため、多少価格が高くても構わない」という考えだ。笠井氏のシンプルな料理との相性もよく、仕込みの軽減にもつながる。

同一時間の予約は一度に サービス可能な4名までに抑える

以前は21時以降はアラカルトも対応していたが、現在はおまかせコースのみとしているため、1人で一度に調理・サービスできる人数を考え、同一時間の入店は予約時に4名以内に調整。また、器も満席の人数分が揃っていないものがあるので、時間をずらすことで、足りない分を下げて洗い、対応している。

笠井氏のある日のスケジュール

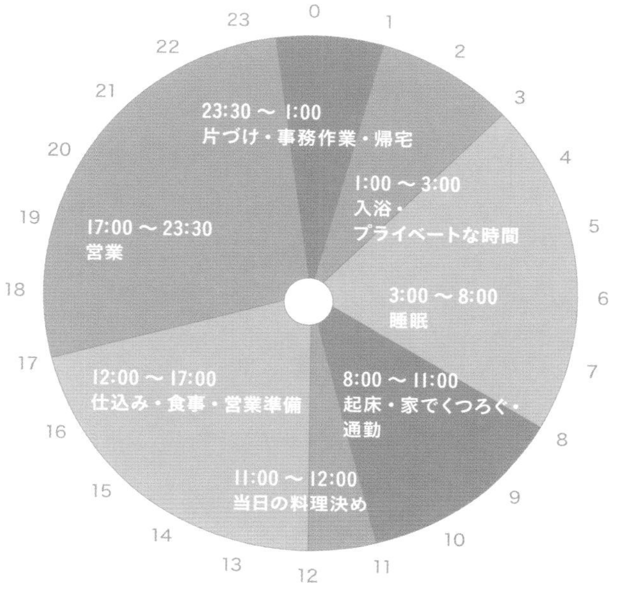

8:00 〜 11:00
起床・家でくつろぐ・通勤

起床後は1日の中でいちばんゆとりのある時間。くつろぐとともに、新メニューを考えたりする時間とする。週2回農家から送られてくる野菜のリストや、魚業者や漁師との電話でのやりとりをもとに、その時にある素材から料理を考える。通勤は自転車で5分ほど。

11:00 〜 12:00
当日の料理決め

前日にメニューの大枠は決めているが、細部はこの時間に詰める。ラジオをつけ、頭と体を少しずつ動かして仕込みモードに入る。

12:00 〜 17:00
仕込み・食事・営業準備

魚の下処理をし、手打ちパスタやブロードなど、時間がかかるものや作っておいても状態の変わりにくいものから仕込む。食材の納品は店にいる確率の高い14時〜16時にまとめる。休憩は適宜とり、近隣で食事をすることも。店内を掃除してカトラリーを並べ、開店。

17:00 〜 23:30
営業

予約をとる際、同一時間の入店は4名までに調整し、火口とスムーズなオペレーションを確保。香りを生かしたい素材はできるだけ仕込まずに営業中にその場で作る。ラストオーダーの時間は決めておらず、営業終了時刻は目安で、最後のお客が帰ったら閉店。

23:30 〜 翌1:00
片づけ・事務作業・帰宅

営業中はその場で必要な皿のみ洗うため、残りの皿とグラスを洗う。グラスの洗浄・ふき上げで1時間かかることも。カウンターの掃除、布巾などの洗濯をし、当日の売上げ計算を済ませ、翌日のメニューの大枠を決める。冬であればカラスミ作りなど、日中に時間を割けない仕込みがあればこの後に行なう。

1:00 〜 3:00
入浴・プライベートな時間

帰宅後、入浴して少しくつろいでから、就寝。

営業時間／12:00 〜15:00（土曜・日曜のみ）、17:00 〜23:30
定休日／水曜

ワインの説明は最低限とし、常連客にはおすすめの1本を推す

ボトルワインは在庫が日々変わるためリストはない。お客の好みを聞いて3〜5本用意し、まずは産地と品種、味のニュアンスなど最低限の情報を伝えるのみで、一組のお客にかける時間を減らす。好みがわかる常連客にはおすすめの1本を。開けてみて嗜好に合わなければグラス用にし、別のワインをすすめる場合もある。

カクテルや割りものなど手のかかるドリンクは扱わない

ドリンクはアルコール、ノンアルコールとも、作る手数と時間のかかるカクテルや割りものは扱わず、ボトルから注げるもののみとしている。ワインペアリングも用意しているが、サーブやグラスの交換、洗浄に時間がかかるため、やめる方向も含めて今後を検討中。

2つの温度管理ができるセラーを導入し、提供時のワインの温度調整をカット

新たに購入した二温度帯のワインセラー。上段を白、下段を赤の提供温度に設定して保管しておくことで、それぞれ営業前に適した提供温度に調節する手間を省く。オペレーション上ボトルワインのオーダーを増やしたいと考えており、お客のリクエストから、現在はスパークリングワインのラインアップ充実を検討している。

営業中、合間を見て、食器洗いは必要な器から優先的に行なう

営業中は数が足りていないなど必要な器から優先的に洗い、手間のかかるグラスは営業後にまとめて洗う。なお、グラスは数が限られていることと、洗浄、ふき上げにもっとも時間のかかる器のため、グラスの使用数が多いワインペアリングは1日のオーダー数を限り、それ以上は断っている。

A

掃除がしやすいようカウンターの上に物は置かず、すっきりとした状態に

「ボトルなどを置けば目隠しになるかもしれないけど、煩雑に見えるだけでなく、そのボトルを毎日掃除するのも大変」という理由から、カウンター上にはいっさい物を置かない笠井氏。結果としてお客が入る前、帰った後のふき掃除が一気にでき、時間と手間の省略になっている。

A

愛媛・藤本さんの真鯛のフリットと
インゲンのジェノヴェーゼソース和え

愛媛県・今治の漁師藤本純一氏から仕入れた神経締めのマダイのおろした身に塩をふり、3時間ほどおいて味を入れながら余分な水分を抜く。衣はセモリナ粉と炭酸水を混ぜたシンプルなもの。外はカリッと香ばしく、身は透明感が残るくらいにしっとりと揚げ、素材が持つクリアな風味を生かす。しっかりとゆでて斜めに切ったサヤインゲンでサクサクとした触感を、ジェノヴェーゼソースでさわやかな香りを添え、トマトの酸味でさっぱりと食べさせる。

B

愛媛・藤本さんのハモとカブのトロフィエ

脂ののりがよい冬の3kgのハモを、マダイと同様に藤本氏から仕入れる。これを三枚におろして骨をすべてていねいに抜き、骨切りしたハモとは異なる肉厚な身の弾力を表現。パスタはハモと一緒にフォークに刺して食べられるよう、手打ちのトロフィエとした。通常より大きめに作ってねじり、ハモに負けない歯ごたえを出しつつソースのからみをよくする。ソースのベースは、常備するアサリのだしでハモの骨を煮出したもの。カブはアサリのだしで柔らかく煮て仕上げに崩し入れ、ハモとパスタのつなぎとする。

C

北海道産黒毛経産牛のサーロインの炭火焼き

1～2年間ほど再肥育した12歳の黒毛和種の経産牛で、適度な脂肪と強い旨みが特徴。炭火で表面を熱々にしては転がし、表面全体が熱くなったらやすませ、徐々に肉の内部の温度を上げる。旨みの強い肉汁自体をソースと考え、調味はその旨みを際立たせる塩、コショウのみ。フランボワーズヴィネガーでサラダを和え、華やかな香りと酸味で味覚と嗅覚をリフレッシュ。なお炭火の焼き台は、別の作業中も常に視界に入るよう厨房の中央付近に設置している。

昼のランチセットは12食、夜は2組まで――
迎える客数を絞り、無理なく続ける。
ベテランシェフが選んだワンオペスタイル

09 hikosen style nanjo

飛行船スタイル 南條

住所/大阪市西区京町堀 1-12-8 2階
https://www.hikosen-style.co.jp/mein/food/food_html/food_top.html

{ 大阪・肥後橋 }

大阪・京町堀の商業ビル2階に2021年1月に開業。同ビル開業時からインテリアショップやデザインオフィスと併設されていた食堂を居抜きで生かした。ランチはまとめて仕込めるロールキャベツが定番。前菜盛合せ、パンまたはおにぎり、デザート、ドリンクで1100円のセットを12食限定で提供。夜はフランス料理をベースに「鴨にゅうめん」などの麺類も組み込んだ1万1000円、1万6500円(ともに10～11品)のおまかせコース2本。お客は1日2組までとし、接客時の会話も楽しむ。

南條秀明

1967年大阪府生まれ。ホテルニューオータニ大阪「サクラ」、「エプバンタイユ」を経て、ホテル阪急インターナショナルに勤める。2003年に大阪・肥後橋にて「ルール・ブルー」を開業。19年12月に閉店。21年1月、同エリアにあるインテリアショップ「飛行船スタイル」の2階に「飛行船スタイル南條」を開く。

1・3・4 厨房前の通路を抜けて、店内奥の客席へ。1階のインテリアショップが取り扱う椅子や照明を配した店内は、いわばショールームで、オリジナリティに富んだアイテムが空間を彩る。ガラス窓に囲まれ、昼は開放的、夜はやや落ちついた雰囲気に。BGMは以前はインストゥルメンタルなどだったところ、2021年11月から南條氏自身の好きな女性ボーカルものに。2 ユニークな姿が目を引く建物外観。5 完全居抜きの厨房。南條氏は使っていないが、フライヤーやゆで麺機なども揃う。

店舗面積／約25坪（うち厨房約6坪）

席数／テーブル12席　客単価／昼1100円、夜1万6500円

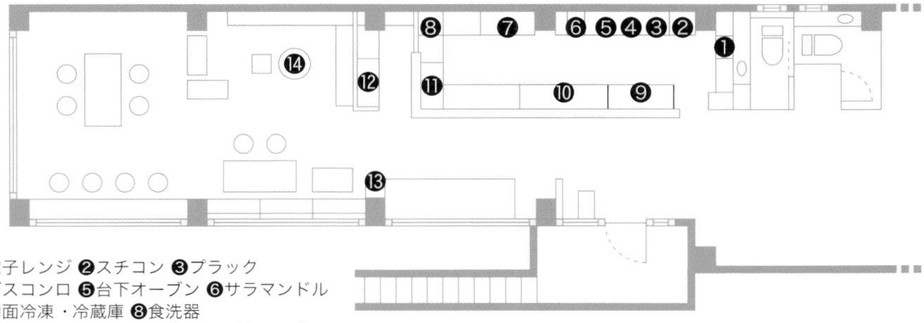

❶電子レンジ ❷スチコン ❸ブラック
❹ガスコンロ ❺台下オーブン ❻サラマンドル
❼四面冷凍・冷蔵庫 ❽食洗器
❾ディッシュウォーマー ❿コールドテーブル
⓫シンク ⓬コーヒーマシン ⓭ワインセラー ⓮ドリンクサーブ用台

ビル2階の店舗は、1階のインテリアショップが以前営んでいたレストランを居抜きで借用。厨房より左側を賃貸契約しており、トイレはショップと共同で使う。元は40席以上だったが、夜最大8席程度、昼12席に。厨房にはガスコンロやサラマンドル、スチコン、食洗機など厨房機器が揃い、横にミルやコーヒーマシンなどを備える空間も。

夜は事前予約制で 1日2組に絞る

夜はお客の希望に沿ったコース料理をア・ラ・ミニッツで作り、提供したいと考えた南條氏。以前の「ルール・ブルー」でも後半は1人で調理をしていたこともあり、そうした経験をもとに、サービスも自ら行なった場合に自力でまわせる人数を想定し、1日2組、最大8名程度までと決めた。なお昼は12食限定のランチセットで、予約なしでもOKとするものの、予約で完売してしまうことが大半で、提供数を少し増やせないか検討中。

電話予約は受け付けず、SNSかSMSに限定

ワンオペは電話対応も大変なもの。かつ、夜のコースでは、好き嫌いやアレルギー食材の有無、記念日利用か否か、食べたい料理や食材などをお客に確認するため、文字で残るやり取りを選択。LINE、InstagramのDM、FacebookのMessenger、携帯電話のショートメールで予約を受ける(圧倒的に多いのはInstagram)。事前の準備に加え、少しでもお客の希望に沿うべく、予約時のやり取りはしっかり行なう。

ランチ営業は週4日に絞り、仕込みの時間を確保

夜の営業と、母親の介護。この両者と昼の営業を破綻なくまわすため、ランチは火曜・水曜・金曜・土曜の週4日とし、月曜・木曜は、母親の介護関連に時間を割く他、午後はランチの仕込みに充てる。とくにランチはどれだけ仕込んであるかが重要であり、時に仕込みが間に合わずランチを休みにすることも。こうした時も1人営業ゆえに融通がきく。

居抜きで設置されていたプラックをフル活用

40席以上を擁したレストランの居抜きである同店の厨房には、もともと多様な調理機器が揃い、プラックもその一つ。ソースなどの煮詰め作業や、仕込んでおいたものの温めなどで非常に重宝している。長時間置いておいても熱くなりすぎないよう網を間にかませることで、ソースやだしなどが煮詰まりすぎず、適度な保温状態をキープできる。

電子レンジを置き、シリコンスチーマーを併用

調理機器の中で唯一、開業後に自分で購入した電子レンジ。ランチメニューの一つであるオムレツに約10種の蒸し野菜を添えており、これは適宜に切った野菜をシリコンスチーマーに入れて電子レンジで温めるだけ。10分近くかかるが、ボタン一つで調理ができ、その間にオムレツを焼く、ソースを温めるなどの調理が進められる。

昼はトレーをセットし、皿を下げる際の手間を減らす

昼に迎える客数も数は多くない。ただ、席間をゆったり空けて案内するため、退店したお客が座っていた席に新たなお客を案内することも。その際、テーブルの上を素早く片づける必要がある。テーブルの上にトレーをセットし、そこに料理の皿、水やドリンクの器、カトラリーなどをすべて置くことで、片づけの際はトレーを下げてさっとふけばOK。トレーのセットは営業前に12人分作っておく。

郵便はがき

金受取人払郵便

本郷局承認

5452

差出有効期間
2024年5月
31日まで
(切手不要)

113-8790

(受取人)
東京都文京区湯島3-26-9
イヤサカビル3F
株式会社 柴田書店
書籍編集部 愛読者係行

リガナ 名	年齢 歳

宅住所 〒 ☎

務先名 ☎

務先住所 〒

該当事項を○で囲んでください。

A】業界 1.飲食業 2.菓子店 3.パン店 4.ホテル 5.旅館 6.ペンション 7.民宿 8.その他の宿泊業 9.食品メーカー 10.食品卸業 11.食品小売業 12.厨房製造・販売業 13.建築・設計 14.店舗内装業 15.その他（　　　　　　）

B】Aで15. その他とお答えの方 1.自由業 2.公務員 3.学生 4.主婦 5.その他の製造・販売・サービス業 6.その他

C】Aで1. 飲食業とお答えの方、業種は？ 1.総合食堂 2.給食 3.ファストフード 4.日本料理 5.フランス料理 6.イタリア料理 7.中国料理 8.その他の各国料理 9.居酒屋 10.すし 11.そば・うどん 12.うなぎ 13.喫茶店・カフェ 14.バー 15.ラーメン 16.カレー 17.デリ・惣菜 18.ファミリーレストラン 19.その他

D】職務 1.管理・運営 2.企画・開発 3.営業・販売 4.宣伝・広報 5.調理 6.設計・デザイン 7.商品管理・流通 8.接客サービス 9.オーナーシェフ 10.その他

E】役職 1.社長 2.役員 3.管理職 4.専門職 5.社員職員 6.パートアルバイト 7.その他

ご愛読ありがとうございます。今後の参考といたしますので、アンケートにご協力お願いいたします。

◆お買い求めいただいた【本の題名＝タイトル】を教えて下さい

◆何でこの本をお知りになりましたか？

1．新聞広告（新聞名　　　　　　）　2．雑誌広告（雑誌名　　　　　　）

3．書店店頭実物　　4．ダイレクトメール

5．その他＿＿＿＿＿＿＿＿

◆お買い求めいただいた方法は？

1．書店　地区　　　　県・書店名＿＿＿＿＿＿＿＿

2．柴田書店直接　　3．その他＿＿＿＿＿＿＿＿

◆お買い求めいただいた本についてのご意見をお聞かせ下さい

◆柴田書店の本で、すでにご購入いただいているものは？

◆定期購読をしている新聞や雑誌はなんですか？

◆今後、どんな内容または著者の本をご希望ですか？

◆柴田書店の図書目録を希望しますか？　1．希望する　2．希望しない

●ホームページをご覧ください。URL=https://www.shibatashoten.co.jp
新刊をご案内するメールマガジンの会員登録（無料）ができます。

記入された個人情報は、顧客分析と御希望者への図書目録発送のみに使用させていただきます

支払いは現金のみで、帳簿の計算もわかりやすく

居抜きで入った店舗のため、備品としてカード決済に必要な機器は揃っていたものの、現金とは別の手間がかかり、それは帳簿の計算にも言えること。そこで南條氏は、自身が「計算も管理もしやすい」と考えるキャッシュオンリーのスタイルを選んだ。店のウェブサイトにも支払いは現金のみと記す。

夜は水をコース料金に含め、お客自身に注いでもらう

サービスの手数を考え、水は自分で注いでもらう形に。その際、ウォータークーラーに入れる必要があるが、ピッチャーだと入れにくいこともあり、ガラス瓶に入ったミネラルウォーターとする。水は基本的に全員が飲むため、コース料金の中にミネラルウォーター代も含めている。ガス入りはサンペレグリノ、ガスなしはエビアンを提供。

ランチセットのドリンクは温・冷各1種に絞る

セットの飲料とはいえ「特色のあるきちんとした品を出したい」と考えた南條氏。しかし、そうしたドリンクを何種も用意するのは手間もコストもかかる。そこで、たとえば、紅茶専門店「ウーフ」が扱うニルギリ パークサイド茶園のホットティーと、「フジヤマコーヒーロースターズ」の水出しアイスコーヒーなど、温・冷各1種を用意することに。

ドリンクを用意するスペースを客席に設け、話をしながら提供

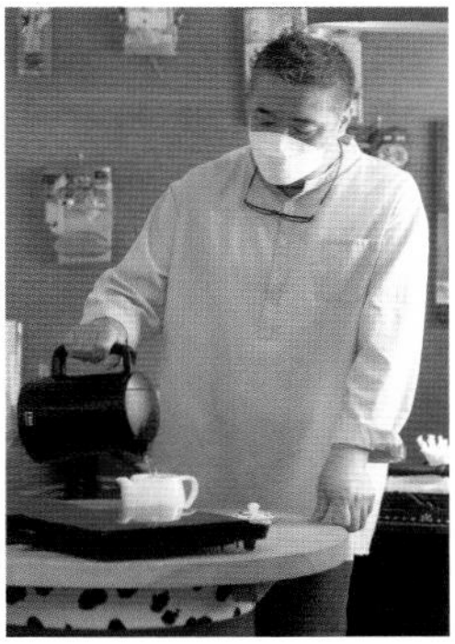

厨房の横にコーヒーマシンやミルなどを備えたスペースがあるが、食後のドリンク提供時には、調理の手も落ちつくため、このタイミングでお客との会話を図ることを考えた南條氏。そこで、客席の一角にお湯を沸かしたり、ドリンクを入れたりするスペースを設け、食後のドリンクを準備しながらもお客と話ができるようにした。

ワインリストは作らず、好みに応じるドリンク付きコースをすすめる

夜はドリンク付き1万6500円の「かなりお得な内容」のコースも用意。この料理にこのアルコールと決まっているわけではなく、お客の好みや希望を聞いて南條氏が選び、量もお客次第。そうした点から、ワインの他に焼酎やウイスキーなども揃えるが、ワインは高級感のあるボルドーのグラン・ヴァンなどを扱う。オーダーはドリンク付きが7割で、グラス注文はあるものの（赤・白各1000円）、開業以来、ボトル注文はゼロ。

昼の定番はまとめて仕込めて ソースで選択肢を作れる ロールキャベツ

「ルール・ブルー」時代、かけるソースが異なる月替りのオムライスが人気だったが、新店でもこれを楽しみにする声があった。そこでそれをヒントに、ランチのワンオペでも待たせずに出せるメニューを検討。選べる３種のソースをかけたオムレツを用意しつつ、主軸はまとめて仕込めて営業中は温めればOKのロールキャベツに決めた。オムレツのと併用してソースを選べる仕立てとし、引きを強めた。

デザートは 手間の少ないものとしつつ、 夜は客前で盛る演出などを行なう

「ルール・ブルー」で人気だったプリンを、以前のカップからテリーヌ型に変え、客前でスプーンですくって盛る形に。営業中の手数を抑えながらも、お客により楽しんでもらい、かつ会話ができることを狙った。型を変えたことで調理の手間も減少。プリンの他に、ランチにも使える果物のコンポートとアイスクリームを仕込み、全部を盛り合わせたり、単体で供したりと、お客の好みや腹具合で調整できるのも利点だ。

かかりきりの時間が短い 調理法を選択

たとえば肉をフライパンでアロゼしながら焼く場合、調理中はその場を離れにくいもの。だがワンオペであるうえに、同店は厨房と客席の間に距離があり、現実的に調理にかかりきりになることは難しい。そこで加熱時間も短く、また経験をもとに片面何分と加熱時間が計算できるグリルパンでの調理などを採用。その際、タイマーをかけておけば、客席で引き留められた時も厨房に戻りやすい。

夜はア・ラ・ミニッツを基本に 調理はシンプル

事前にお客の要望を聞いて反映しながら組む、夜のおまかせコース。作りたてが楽しめるようア・ラ・ミニッツの皿が中心で、それもあって事前予約制、２組のみとした。１コース10品近いため、皿の構成要素は絞り、各素材にフォーカス。「基本的にはヨーイドンで調理をはじめて５分以内で提供できる」よう、調理もシンプルに。

食事時間の短いランチは とにかく仕込んでおく

圧倒的に女性客が多いランチ。予約をするお客が大半だが、中には予約をして会社の休憩時間に食べに来るお客もいて、短時間での提供が欠かせない。メインの一つ、オムレツに関してはその場で焼く他、付合せの蒸し野菜も10分間ほど電子レンジで調理するが、それ以外のメインは温めるだけで提供できる形に。たとえば前菜５種の盛合せも４種は昼営業がない日にまとめて仕込み、具材を変えて作るスペイン風オムレツだけは毎回昼営業の前に焼く。

南條氏のある日のスケジュール

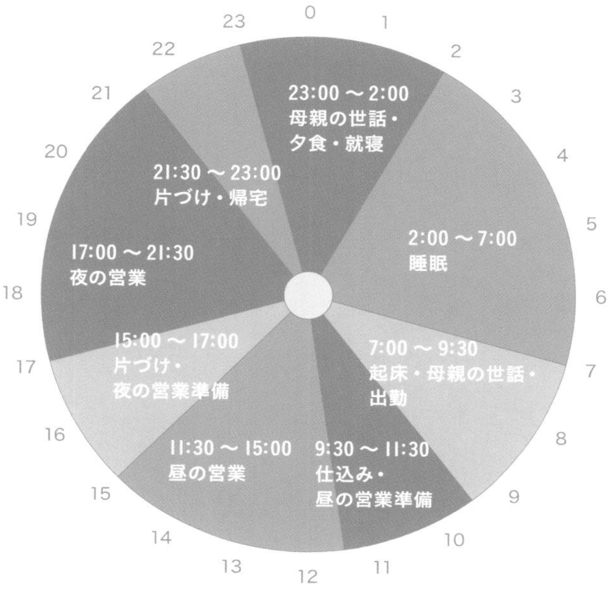

7:00 ～ 9:30
起床・母親の世話・出勤

起床後、同じマンションに住む母親の洗濯や朝食作り、身体をふくといった世話をし、自身は朝食をとらず9時頃には家を出る。通勤は電車または車で約30分。昼の営業をしない月曜・木曜は出勤前に母親の食事を2～3日分仕込み、魚屋や八百屋に寄って仕入れをし、店に着くのは12～13時。母親の通院がある時は14～15時となる。

9:30 ～ 11:30
仕込み・昼の営業準備

店に着き次第、すぐに仕込みや、昼に向けた調理準備を行なう。11時頃からテーブルセッティングをする。

11:30 ～ 15:00
昼の営業

昼は12食限定で、その場での調理は少なく、仕込んだものをスピーディーに提供する。14時L.O.で、営業が落ちつきはじめたら、随時片づけ・洗いものをする。月曜・木曜は、昼か午後に店に着き次第、翌日以降の昼や夜の営業の仕込みを行なう。

15:00 ～ 17:00
片づけ・夜の営業準備

昼の営業の片づけを済ませ、夜の営業に向けた調理準備、テーブルセッティングを行なう。夜の予約がない日は、翌日の昼の準備やストックものの仕込みなどをして、19時頃に帰宅する。

17:00 ～ 21:30
夜の営業

営業中は段取りよく料理を提供し、お客と会話ができる時間作りに努める。

21:30 ～ 23:00
片づけ・帰宅

閉店時間は設けておらず、お客は22時くらいまでいることも。片づけ・洗いものを済ませて、帰宅する。

23:00 ～翌2:00
母親の世話・夕食・就寝

母親の家の片づけをし、入浴。0時頃に食事をとる（1日1食）。食後はテレビを見るなどして身体を休め、1～2時に就寝する。

営業時間／11:30 ～15:00（L.O.14:00。月曜・木曜休み）、17:00 ～
定休日／日曜、祝日

A

幸わせランチ　野菜主体前菜５種盛り合わせ
玉葱、浅利で出汁を取った白いロールキャベツ　チーズケーキ

ドリンクが付いて1100円。前菜盛合せはそのつど内容は異なり、写真はカリフラワーとグリーンオリーブのマリネ、ブロッコリーと干しエビとダイコンの葉の和えもの、ニンジンとリンゴのラペ、ホウレンソウのナムル、シイタケとミツバのスペイン風オムレツ。メインのロールキャベツは１個170ｇで、今回の白いソースの他、トマトソース、カレーソースがあり、好きなソースを選べる。パンは大阪の「ル・シュクレクール」が焼く、バゲット約28本分の“座布団パン”を塊で仕入れ、切って急速冷凍したものを温めて出しており、十六穀米で作るおにぎりとの二択だ。デザートは営業中は切って盛るだけなどシンプルな品が基本。

B

ラングスティーヌ、キャビア

夜のコースの温前菜。ティエドの状態のジャガイモのピュレに、フライパンでさっとソテーして半生に仕立てたアカザエビとたっぷりのキャヴィアを盛り、アカザエビのソースを流す。上には、ゆでてエビを焼く時にフライパンの隅で乾焼きしたナノハナを添えて。ジャガイモのピュレは１週間分ほどまとめて仕込んだものを冷蔵しており、営業前からガスコンロの上の棚に置いて温める。エビは冷凍品を使い、頭でジュをとり煮詰めてソースに仕立て、身は営業に合わせて解凍し、提供直前に焼く。

A

B

C

D

E

C

中トロ、カニ、ホタテのタルタルサラダ仕立て

夜はア・ラ・ミニッツの品が中心だが、コースの２品目として供したこの冷前菜は、事前の仕込みがポイント。マグロの中トロ、ズワイガニ、ホタテというご馳走感のある海の幸３種でタルタルを作り、営業中は皿に盛ってリーフサラダをのせ、ドレッシングをかけるだけ。量は多めにし、またパンを同時に出すことでゆっくり楽しんでもらい、以降の料理の準備を進める。「夜の仕入れは毎日予約客２組分だけでよいため、魚介はその日いいものを少量、選んで購入できる」。そのため、仕入れ先は魚屋や市場、高級スーパーなどその時々。

D

リブロース メートルドテルバター

夜のコースの主菜。営業前に切り出して常温にもどしておいたくまもとあか牛のリブロースを、よく熱したグリルパンで焼く。肉の向きを変えて格子状に焼き目をつけ、１回だけ面を返すが、途中で下ゆでしたエビイモもグリルパンにのせて同時に焼き上げる。調理時間は計３分程度。焼きたてを皿に盛り、エシャロットやパセリ、レモン果汁などを混ぜて作るクラシックなメートル・ドテル・バターをのせる。なお肉も予約客分だけと少量だが、こちらは業者とやり取りして届けてもらう。

E

鴨にゅうめん

夜はコースに麺類を組み込み、さぬきうどん、土手焼きパスタ、タリアテッレにラグーなど多様な品を提供。同品で使う鴨肉はフランス産シャラン鴨の胸肉で、お客が来店したら塊をフライパンでリソレして、アルミ箔で包んでねかせる。提供の際は、素麺をゆがくと同時に、これをスライスしてプラックの隅で温めておいただしの中に入れて軽く熱し、湯をきった素麺、だしとともに盛る。素麺の量は２人で１束と少量。なお、テーブルにはナイフ、フォーク、スプーンの他、箸もセットしてあり、お客は好きなものを使って食す形だ。

西、伊、仏など各地の料理をヒントにした
バラエティ豊かな約25品のアラカルトと
自然派ワインを打ち出す、小さなワインバル

10 sekiyama beikokuten

関山米穀店

住所／東京都千代田区神田小川町 3-9
AS ONE 神田小川町ビル1階
電話／03-5244-5446

{ 東京・神保町 }

「スペインのバルのような、賑やかで楽しい店を」と、東京・神保町の路地に入った静かな一角に、2015年8月に開業したワインバル。料理は季節感を反映したアラカルトのみとし、スペイン、イタリア、フランス、時には日本料理からも着想を得た25品ほどのワインに合う品（300円～2700円）を16時から提供する。一方のドリンクは、生産者の顔が見える少量生産の自然派ワインが主体。お客の好みを聞いたうえで数本を選び、カウンターの上に置いて説明しながら選んでもらう。

関山真平

1980年茨城県生まれ。大学時代に卒業旅行で行ったスペインのバルの活気ある雰囲気に魅せられ、23歳で料理の道に。都内のイタリア料理店、スペイン料理店、静岡のホテルの飲食部門で修業を積み、「ポンデュガール」でシェフを5年間務め、2015年8月に独立開業。

1 レトロなフォルムの後藤照明㈱製のライトが店内をやさしく照らす。2 店名は、茨城県の実家が営んでいた米店の屋号を引き継いだもの。3 店内奥に大型のワインセラーを設置。4 店は路地裏のビルの角地にある。5 カウンターは、「作業中の手元が見えすぎない」高さを意識。その上には器を置くが、着席するお客の前は空ける。通りに面したガラスの壁面にはワインの空き瓶を目隠し代わりに並べる。

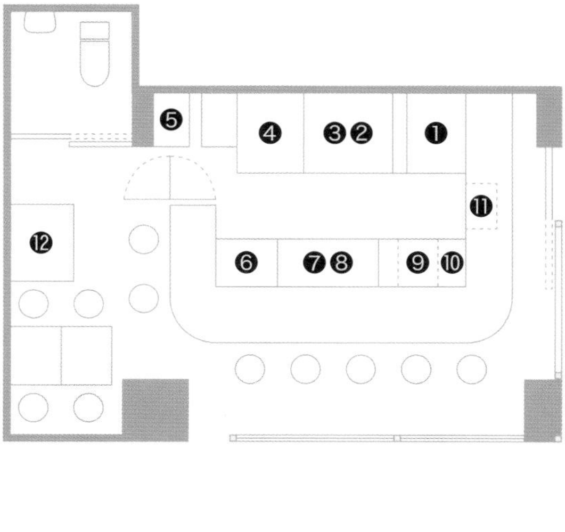

店舗面積／8.8坪（うち厨房3.5坪）
席数／カウンター7席、テーブル4席
客単価／7000円

❶冷凍・冷蔵庫 ❷ガスコンロ ❸台下オーブン
❹❻シンク ❺棚 ❼コールドテーブル ❽台下冷蔵庫
❾製氷機 ❿炊飯器 ⓫⓬ワインセラー

入り口の引き戸を開けると、すぐにコの字型カウンターがあり、奥に小さなテーブル席という配置。ワインはテーブル席の隣にあるセラーに加え、カウンター下の冷蔵庫にスパークリングや白ワインを置く。グラス類はカウンター奥の天井から吊り下げる他、厨房奥の小さな棚にも収納。この他、店内の上部の随所に吊り戸棚を配置する。

予約はあえて店の電話のみとし、自身のスマホへの転送もしない

「電話で話すとお客さまの雰囲気を掴みやすい」と、予約サイトやSNSは使わずに店の電話のみで対応。営業中もできる限り電話をとり、手を動かしながら肩に挟んで通話する。実際にお客の声を聞くことで、予約当日の席の配置もイメージしやすくなるという。また「オンとオフを切り替えないとミスが出やすい」との考えから、自身のスマホへの転送はしない。

ワンオペ営業を前提に厨房機器や棚をレイアウト

物件は、「ワンオペ営業がしやすいコの字型カウンター」が作れる10坪程度の路面店に絞って探し、現物件に決めた。元は30年以上営業していた日本料理店で、ほぼスケルトンにして改装。設計士と相談しながら関山氏が極力動かずに済むように厨房設備や棚の配置を決め、椅子はカウンターに合わせて知合いの家具店に特注した。

ふり客よりも目的のある予約客を集客すべく、現在の立地に

店があるのは神保町駅、小川町駅のいずれからも徒歩約５分のところ。１人営業するうえで「自然派ワインと料理を楽しみたい」という目的客を集客すべく、"駅近"や飲食店がひしめく人気エリアは避け、現在の立地に。実際、早い時間はふらりと訪れる常連客、18時以降は予約客がほとんど。「待ってでも食事したい」というお客には、席が空いたら電話連絡するなど、そのつどこまめに対応している。

豊洲市場には行かずに配送と産地直送、百貨店で仕入れ

子供が生まれてからは豊洲市場に行けなくなったため、日常的な食材は届けてもらうことに。コロナ禍の営業自粛中には地元・茨城県産の素材を探して、肉や野菜など産地直送品が増えた。不足分の野菜や魚は、出勤途中で寄り道する日本橋髙島屋で購入。「とくに野菜は新鮮で質がよく、意外と値段が高くないので行くたびによいものを探します」。なお領収書類は当日中に整理し、ファイリング。事務作業はためないようにしている。

仕込んだパーツはサイズを合わせた保存容器に入れ、中身を明記

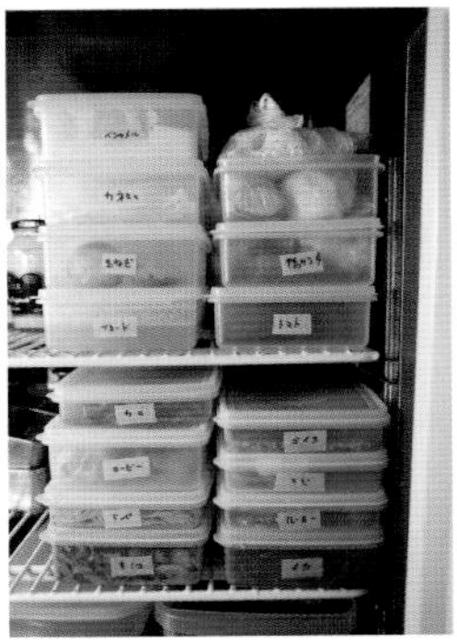

カウンター前の台下冷蔵庫には仕込んだパーツを入れた保存容器がずらり。「ベシャメル」(ベシャメルソース)、「タマネギ」(タマネギのソテー)、「カニ」(カニのラグー)、「ロービー」(ローストビーフ)、「ゴイス」(ゴイスアルギ風ソース)などの名称を文字が書けるテープでラベリング。容器のサイズは極力揃えて保管スペースを無駄なく活用する。

営業中は1秒でも短縮できるよう可能な限り仕込んでおく

「切る」だけで仕上がるパテやテリーヌ、「揚げる」だけのコロッケやカツレツなど、仕込んでおける料理を数多くラインアップ。その他、お客の大半がオーダーする「黒トリュフのオムレツ」は、予約の数などから出数を予測して、営業直前に1皿分ずつ材料を小ボウルで混ぜ、ラップ紙をかけて冷蔵庫に保管する。意外と仕込める要素が少なく提供に時間がかかるのが、野菜サラダ。「生野菜は断面の鮮度でおいしさが決まるため、必ずオーダー後にカットします」。

カトラリーや箸、小皿などはあらかじめテーブルにセット

テーブルには、営業中に不足しないようにフォーク、スプーン、ナイフのカトラリー３種と箸、紙おしぼり、取り分け用の小皿、ホルダーにセットした紙ナプキンを多めに置いておき、お客に自由に使ってもらう。アルコール消毒液も1組ごとに用意。

複数のキッチンタイマーが調理以外の時間管理にも大活躍

キッチンタイマー３個はオープン当初からフライパン、オーブンなど同時進行する調理の時間管理に欠かせない道具であるとともに、サービス面でも一役買う。たとえばピークの時間帯にキッチンを離れて奥のテーブル席にサーブする際には、お客との会話が長引かないように「1分」にセット。アラームを機に厨房に戻るという。

営業時間が過ぎても短時間の買物に出ることも

コロナ禍になる前は17時開店だったが、現在は閉店時間を1時間早めて16時開店になっている。時には誰もいないタイミングを狙って「すぐ戻ります」と張り紙を貼り、急いでちょっとした買物に出かけることも。1人営業ゆえの苦肉の策だが、早めの時間はふらりと訪れる常連客が多いため、待ってくれていることが多いという。

素材の発注や翌日の仕込みなど、忘れないよう営業中にメモに残す

２冊100円のメモ用紙は営業中の必需品。「仕込みが必要なもの」、「注文が必要なもの」など、気づいたことをこまめにメモ。営業が終わったら整理して翌日の仕込みの段取りを決め、FAXに書き直して発注したり、買い出しリストに加える。「1人なので忘れてしまうと終わりですから、メモはとても大事」。繁雑にならないように処理済みのメモはすぐに破棄する。

早めのオーダーを促す肉のロースト。肉は違っても付合せは同じものに

良質な肉のおいしさを表現するために、主菜は肉のローストが基本。最近は茨城県産の牛、鴨、豚を用意することが多い。生の状態から焼きはじめるため、「肉のローストだけは30分ほどかかるので早めにオーダーしてくださいとお願いしています」。付合せは季節の素材で、肉の種類は違っても同じもので統一し、仕込みを軽減。人気のため定番化しているジャガイモのグラタンは多めに作り、出せる時は単品オーダーにも応じる。

ビールは瓶のみで、その他のドリンクも「注ぐだけ」のラインアップとする

ドリンクは作る手間や時間のかかるカクテルや割りものは扱わず、瓶から注ぐだけのラインアップに。ビールは「常陸野ネストビール」と「ハイネケン」の２種が定番で、食後酒はグラッパ、マール、ジン、カルヴァドス、シェリー、フランスのデザートワインなど。ノンアルコールはウーロン茶とブドウジュースの２種。

ワインは５つの取引先からこまめに仕入れる

ワインは小規模なワイナリーの自然派ワインを揃え、フランス、イタリア、スペインがメインで、少量だが日本産も置く。現在はスタンダード、マニアック、ヴィンテージ、日本ワインなどそれぞれ強みをもつ個性豊かな５つの業者と取引し、送られてくるリリースやワイン情報をスマホでチェック。「新たなワインが入った時はテイスティングしながらグラスで飲んだりして、我ながらいい仕事だなと思います(笑)」。試飲会もなるべく参加するようにしている。

グラスワインは１杯ずつ計量する

グラスワインは注ぐ量の加減に迷うことで時間をとられないように、１杯100gと決めてそのつど正確に計量。提供時間が早くなるうえ、ワインの原価計算もしやすいという。

ひと目でわかるようにワインボトルに直接値段を書く

ワインボトルやビールの瓶に値段を白いマジックで書くのは、５年間シェフを務めた「ポンデュガール」での経験から。ワインはグラス800～1300円、ボトル6000～7000円が中心。グラスでの注文が大半で、赤・白各５～７種、ロゼ１～２種、泡系２種を基本に、お客の好みに合わせて選んだ３～４種の候補をカウンターに並べて選んでもらう。お客は関山氏の説明を聞きながら、ラベルや価格を確認してオーダー。そんなやり取りもこの店の魅力の一つだ。

疲れを感じたらグラスの洗いものは翌日に残す

営業終了後は、洗いものと見える場所のふき掃除、翌日の仕込みの段取り、売上げの日計表まで作成するのがいつもの仕事。ただし、あまりにも疲れていて「ちょっと割りそうだな」と感じたら、グラスの洗いものを翌日に残す日もある。できることをやり、無理をしないことがワンオペ営業を続けるコツと考えている。

管理や洗いものがしやすいよう、皿は小さめのものを中心に揃える

物件のアンペア数が足りなくて食洗機の設置は断念。必然的に洗いものは時間も手間もかかるため、扱いやすいように、皿はメイン用の大皿を除いて直径18cm以下の小サイズを中心に揃える。「故郷の茨城県産のよいものを使いたい」と、さまざまな風情の笠間焼を少しずつ買い足しており、料理に彩りを添える。

関山氏のある日のスケジュール

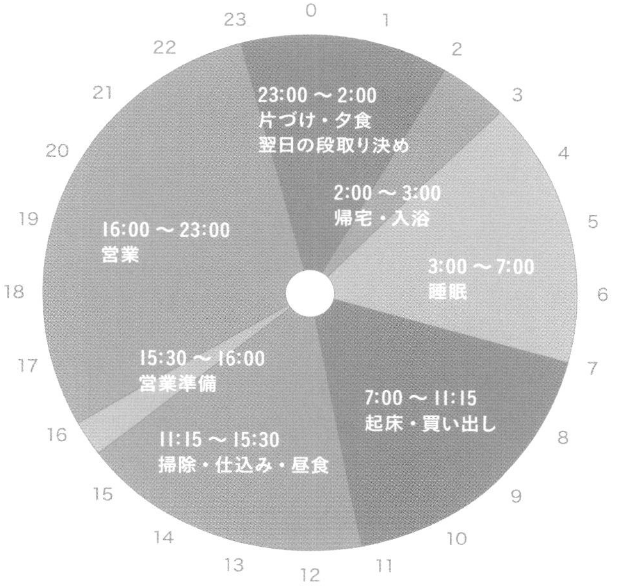

7:00 〜 11:15
起床・買い出し

起床は7時。家族で朝食をとった後、9時に妻と子供を保育園に送り出す。家を出るのは10時すぎ。店までは自転車で約10分だが、野菜と魚を購入する場合は日本橋髙島屋に寄ってから出勤する。

11:15 〜 15:30
掃除・仕込み・昼食

店の外や店内の床を掃除し、カウンター上のカトラリーや紙ナプキンを補充。冷蔵庫のビールやワインを整理しながら在庫を確認し、メモしておく。11時半すぎには前日の晩に決めた段取りに従って仕込みをスタート。一段落した13 〜 14時に昼食をとってひと休みした後、仕込みを再開。

15:30 〜 16:00
営業準備

当日のメニューをA4サイズの用紙に書く。1〜2品は入れ替わるのでほぼ毎日の作業。営業前の10分ほど、窓際のロールカーテンを閉めて仮眠をとる日も。帽子とエプロンを着用して店前に営業時間などを書いた小黒板を出し、のれんをかけて開店。

16:00 〜 23:00
営業

18時頃までは、ふらりと訪れる常連客に対応しながら、予約が集中する18 〜 21時のピークに向けて仕込みを進める。20 〜 21時に当日予約の電話も多く、席が空いた時点で電話連絡するなど対応。皿は閉店後に集中して洗うが、グラスは足りなくなることもあるので、合間を見て洗う。

23:00 〜翌2:00
片づけ・夕食・翌日の段取り決め

閉店後、余った米やパンで軽く夕食をとり、ワインを軽く飲んでひと息つく。皿とグラスを手洗いし、コンロやテーブルなど見える場所のふき掃除。現金勘定後、売上げを日計表に記録。営業中にとったメモを整理し、翌日の仕込みの段取りを決めておく。ワインはこの時間にFAXで発注。翌朝に電話したりネット経由で発注することも。

2:00 〜 3:00
帰宅・入浴

帰宅後シャワーを浴びてから、のど越しのよい発泡酒を1本飲んで就寝。「1本飲んだら寝る身体になっています(笑)」

営業時間／16:00 〜23:00（L.O.22:00）
定休日／日曜

A

エビのカナッペ　ゴイスアルギ風

サン・セバスチャンの人気バル「ゴイスアルギ」のスペシャリテである、野菜のソースを添えたエビの串焼きを、カナッペ仕立てにアレンジ。「ゴイスアルギ風」と呼ぶ野菜のソースは、きざんだタマネギ、ピーマン、エシャロット、トマトと焼きパプリカに、白ワインヴィネガー、ハチミツ、オリーブオイルを合わせたもの。オーダーが入ると「パーラー江古田」のカンパーニュをグリルパンで焼くところからスタート。アカエビをソテーしてブランデーでフランベし、カンパーニュにのせて塩をふる。常備するゴイスアルギ風ソースを盛って仕上げる。

B

鴨のスモークとイチゴのサラダ

「ワインとの親和性を狙って、生のフルーツを入れたメニューは常時2～3品を用意します」と関山氏。茨城県・西崎ファームから仕入れる鴨の胸肉を使った燻製に、ラディッキオとイチゴを合わせ、クルミを添えて贅沢なサラダに仕立てた。シェリーヴィネガーをベースにしたドレッシングで和え、バルサミコ酢とフォン・ド・ヴォー、赤ワインを煮詰めたソースをかけて仕上げる。なお、鴨の胸肉は塩とコショウで一晩マリネした後、真空低温調理で火を入れ、燻製にして真空保存しているもの。注文ごとに切り出して使用する。

A

B

C

D

C

ズワイガニのタルト

スペイン・バスク地方の名物料理であるカニの煮込み「チャングーロ」をタルトに詰めてタパスに。仕込んでおいたタルト生地にカニのラグーをこんもりと盛り、パン粉をふってオーブンで約3分間焼く。手早く提供できる冬限定の温前菜だ。ラグーは、ズワイガニとソッフリット、トマトソース、少量のアメリケーヌソースを合わせて煮詰めたもの。ほんのりと温まったサクサクの生地とふんわり柔らかな触感のラグーの旨みが口いっぱいに広がり、ワインが進む。

D

黒トリュフのオムレツ

ワインに合うよう塩味をきかせ、フォークで崩した瞬間から黒トリュフの香りが立ちのぼるオムレツは、お客の大半がオーダーする一番人気のメニュー。茨城県産の平飼い鶏の卵と塩、砂糖、パルミジャーノ、生クリーム、イタリア産の黒トリュフペースト「タルトゥファータ」を混ぜ、バターを溶かしたフライパンに流して一気にかき立ててから片側に寄せ、美しい形状に焼き上げる。「ぴったりの白いオーバル皿に盛るので、実際のサイズ以上のボリューム感を感じてもらえているかもしれません」と関山氏。

E

茨城・シバサキさん
常陸牛ランプ肉のロースト

仔牛の繁殖から肥育まで手がける生産者から仕入れる常陸牛のランプ肉約６kgを小分けにして真空包装。オーダーが入ったら150g強に切り分け、塩とコショウをふってフライパンで両面を焼き、オーブンに入れてはやすませることをくり返し、ロゼに仕上げる。ソースは、煮詰めた赤ワインにフォン・ド・ヴォーと塩、ハチミツを合わせ、バターでモンテして仕上げたもの。事前に仕込んだジャガイモのグラタンは提供直前にオーブンで温め、タマネギのローストは丸ごと焼いておき、オーダーが入ってから半割にしてフライパンで焦げ目がつくまでオーブンで焼いて仕上げる。

F

カネロニ

スペイン・カタルーニャ地方の伝統料理をベースにした冬の人気メニュー。手打ちパスタと肉のラグー、ベシャメルソースは別々に仕込む。当日の出数を予測して営業前にパスタ生地でラグーを巻いておき、冷蔵庫にスタンバイ。オーダーが入ったら半分に切ってココットに盛り、オーブンへ。その間に小鍋でベシャメルソースを温めて加熱の途中でかけ、グリュイエールをふって、トータル８〜９分間焼いて完成。肉のラグーは、タマネギのソテーと牛肉、豚肉、鶏肉、鶏の肝臓をブランデーとトマトソースで煮込み、ミキサーにかけてペーストにしたもの。レバーのコクを軸に、素朴で力強い、深みのある味わいに。

カウンター7席・おまかせ1本の日本料理店。遊び心溢れる仕かけを随所にしのばせつつ、多皿コースをテンポよく提供する

11 Yanomaru

日本料理 弥のまる

住所／東京都目黒区青葉台4-5-1 Cote de Tokyo101
電話／03-6416-8391

{ 東京・神泉 }

東京・神泉に2021年12月に開業した、カウンター7席の日本料理店。先付からデザートまで10～12品8200円というコース設定は、高橋侑也氏の修業先である「賛否両論」を参考にしたもの。夜のみの営業で、月替りのおまかせコース1本を供する。料理は、「頭を使わず、純粋においしいと思ってもらいたい」と一皿に使う素材数を絞ることを意識。盛り込みなど可能な限りの営業前準備をしておくことで、多皿構成ながらテンポよく料理を提供する。

高橋侑也

1990年茨城県生まれ。調理師学校卒業後、2011年に東京・恵比寿の「賛否両論」に入店。10年間経験を積み、17年からは笠原将弘氏の下で料理長を務める。21年3月に退職し、同12月に独立開業。なお店名は「日の丸」に高橋氏の祖父の漁船名「弥平丸」を組み合わせたもの。

1 「飾り花が映える色合いに」と、壁は落ち着きのある明るいグレーに。カウンターは長さ4.5mのカリンの一枚板で、赤みのある色合いが店内に温かみを添えるとともに、緊張を解く狙いも。「白木はどこか張り詰めた空気になりますから」。台を設けた左奥の一角で料金計算やBGMの音量調節を行なう。2 フルオープンの厨房は10年間働いた「賛否両論」を参考にした。3 神泉駅から徒歩10分弱の人通りの少ない交差点に位置する。

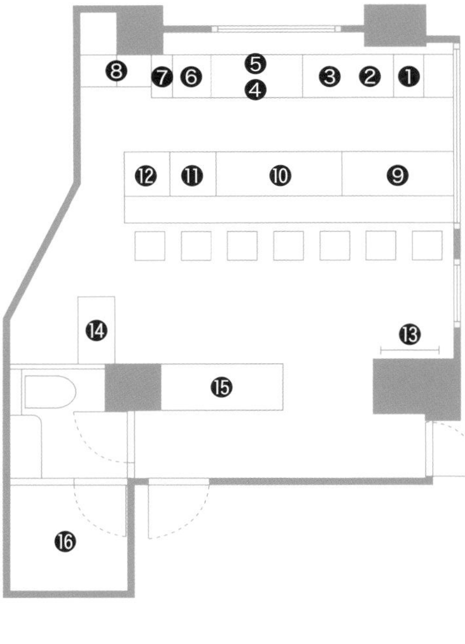

店舗面積／12坪(うち厨房3坪)
席数／カウンター7席
客単価／1万円

❶ ガスレンジ(1口) ❷ ガスレンジ(5口) ❸ 台下オーブン
❹ ⓫シンク ❺ 焼き台 ❻ 製氷機 ❼ ワインセラー
❽ 冷蔵ショーケース ❾ 冷凍・冷蔵庫 ❿ 三面冷蔵庫
⓬ 生ビールサーバー ⓭ ハンガーラック ⓮ レジ ⓯ ⓰収納

希望よりもやや広い物件だったが、「レイアウトしやすい」正方形に近い間取りの形を気に入った。広さ的には席数を増やすこともできるが、1人で無理なく営業できる7席に絞り、厨房、客席ともゆとりをもった空間に。トイレ奥の物置は、以前はシャワールームだったスペースを改装。ハンガーラックの使用はお客のセルフサービス。

予約サイトは使わず、電話とInstagramのDMのみに

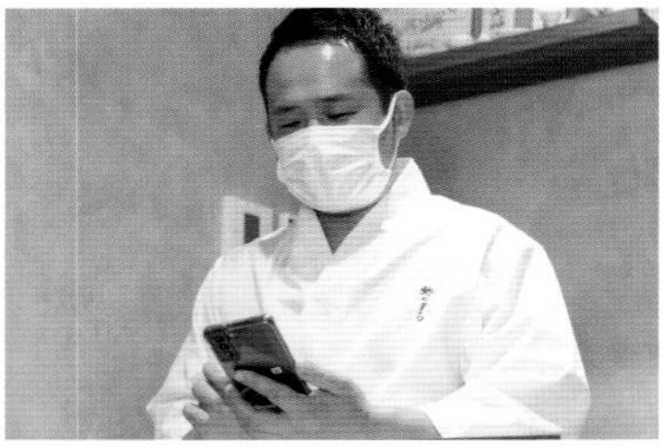

予約は、電話とInstagramのDMの２つに絞っており、お客の利用割合は半々。予約サイトを使用しないのは、ワンオペで常に予約状況を確認することは難しく、予約確定と店側の確認にタイムラグが生じダブルブッキングが起こりやすいと考えるため。DMは電話に出られないタイミングの多いワンオペにおいて、常時問合せを受けられる点も重宝している。予約時に確認するのは時間、人数、アレルギーの有無といった基本事項で、DMの場合２〜３往復で確認を済ませることが多い。

１回転のみとし、あくまでお客の希望する時間で予約を受ける

開業前は席を回転させることも考えたが、今のところ１回転のみとしている同店。理由は、高橋氏自身が店側に時間を指定されるのを好まず、回転効率のよい一斉スタートのスタイルとせず、お客ごとの希望の時間で予約をとるため。予約状況により店側から時間調整を申し出ることもなく、最終入店時間や閉店時間も明確には決めていない。逆に言えば、こうしたお客の使い勝手のよさを重視した営業方針を貫けるのも、予約状況を高橋氏１人ですべて把握できる店ならではだ。

不定休とし、予約や仕込みの状況を見て、柔軟に休みをとる

先々の予定調整をしやすいワンオペの強みを生かし、定休日は設けず予約や仕込みの状況に合わせて不定休に。予約の入っていない日を優先的に休日とするほか、自身の希望の日を休みとしている。現状は日曜や月曜を中心に、月に５〜６日ほどを休みに。営業日は早朝から深夜まで店におり、帰宅後もすぐに就寝することが多いため、休日は身体をやすませ体調管理に努めるとともに、家族とすごすことを優先している。

BGMを流すことで、店内の緊張感を和らげる

開店前にワンオペの営業シミュレーションをし、「人同士の距離が近い小さな店内で生まれがちな緊張感を、どうほぐすかをずっと考えていた」と高橋氏。日本料理店は無音の店も多いが、同店ではUSENを契約しモダンジャズを流すことに。お客同士の会話が途切れた時や、お客が高橋氏の厨房作業に興味を持って注目している時などにも、音がよい緩衝材となりリラックスした空間作りに一役買っている。なお仕込み中もUSENを活用し高橋氏の好む音楽を流している。

広く宣伝はせず、営業に影響が出そうな場合は取材も無理に受けない

店からの情報発信は開業時にアカウントを作成したInstagramのみ。開業直後は賛否両論時代のお客がメインだったが、その後店の存在を知った地元客が訪れるように。さらに、来店したお客がSNSに投稿することで徐々に幅広い客層に浸透していった。Facebookの飲食店を紹介し合うコミュニティが来店につながったケースもあるそうだ。媒体の取材依頼も、営業に支障のない範囲に限って受けるスタンスを保ち、ワンオペの限られた時間の確保を優先している。

食材は長年付合いのある業者に配送してもらう

魚は修業時代から付合いがあり、高橋氏の好みを熟知している豊洲市場の業者にまかせ、毎日営業後に翌日の必要分をFAXで発注し配送してもらう。野菜は築地の業者から仕入れており、業者の作る月ごとの商品ラインナップは季節感を意識しながらメニューを考えるのにも役立っているという。その他、通勤時にスーパーに毎日立ち寄って野菜売り場をチェック。素材の実物を目にする機会を積極的に増やすことでも創作意欲を刺激している。

スムーズに提供すべく、可能なだけ仕込んでおく

営業直前の1時間で、付合せのおひたし、ご飯に添える漬物といった、器に盛りつけておいても見た目や食味に大きな影響のない料理を盛り込み、取り出しやすいようバットにまとめておく。また、茶碗蒸しは器に地と具を入れて蒸し器に入れるだけの状態にする、炊き込みご飯は調味しただしを張っておくなどし、営業中の作業を可能な限り減らす。それぞれは数秒から数十秒の軽微な作業時間でも、できる限り仕込んでおくことで残る作業がシンプルになり、料理の提供がスムーズになる。

おまかせコース1本に絞り、2時間ほどで提供を終える

10 〜 12品の料理を約2時間で出し終える同店。「ワンオペだから遅い」と感じさせないテンポのよさは、営業直前に済ませる上記の盛り込み・仕込みと、流れを予測できるおまかせコース1本に絞ることで可能に。一方で、冷菜の仕上げに柑橘の皮などでフレッシュな香りをきかせたり、八寸には冷菜だけでなく、揚げレンコン餅のようなシンプルで熱々感や盛り立ての触感が生きる料理を組み入れるなど、コース序盤から温度や香りのメリハリを作り、食事の満足度を上げる。

先付は、すぐに出せてかつ店の個性を打ち出す一品に

店の定番の先付は、縁日の「ミルクせんべい」で使われる小麦粉の生地を薄く焼いたせんべいと、2種の酒肴。酒肴は自家製の練り味噌や塩昆布和えで、最初のドリンクとともにすぐに提供でき、また、日持ちがするため仕込みの頻度も少なく済む。お客が自らせんべいに味噌をぬる動作が場の雰囲気を和ませる点も、緊張感の生まれやすい食事のスタートに最適だ。多くの人に親しみがあるせんべいを最初に出すことで、肩ひじ張らずにくつろげる店であることも印象づける。

料理の間を埋めるために、さっと出せる酒肴を用意しておく

事前準備を徹底しても、お客の食べ進め具合によっては料理と料理の間隔が空いてしまうことも。そんな時のため、レバームース、酒盗クリーム、煮アナゴ、サクラマスの南蛮漬けといった、盛るだけで出せる酒肴を2〜3品用意している。コースの次の品がすぐに出せない時でも、この小さなつなぎ役を入れることで食事のテンポが保たれ、お客が心地よくすごすことができる。

既製品をうまく活用し、料理に組み込む

お通しのせんべいと、八寸の最中の皮は、品質の高さや安定性のメリットがあるため無理に自家製せず専門業者の製品を使用し、仕込みの手間を軽減。最中の皮の形はフクロウ、だるまなどの縁起物の他、クマ、金太郎など多数ある点もポイントで、料理に遊び心を添えるとともに、季節で違うモチーフを使うことで印象に変化をつけられる。なお、最中の皮はもち米の粉で作られているため、小麦アレルギーのお客にせんべいの代わりに提供することもある。

日本酒は計算しやすいよう一合1000円に統一

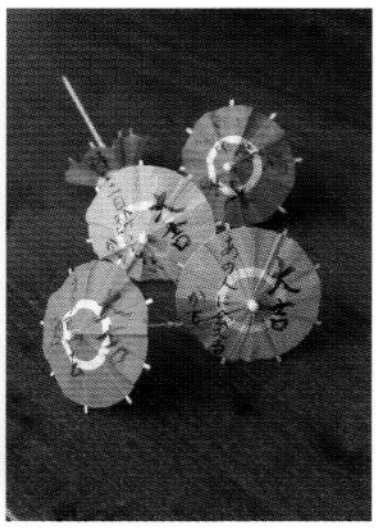

日本酒は定番や季節もの、その時々のおすすめなど、常時10種ほどを揃える。原価はそれぞれ違うが、「一合あたりで計算するとそこまで大きな違いにならない」と、一合1000円に統一。店側の会計の手間を減らすとともに、お客側にとっても値段を意識せず注文しやすい点で好評だ。提供時はとっくりに入れて盆にのせ、閉じた傘の小物を添え、好みのお猪口を選んでもらう。傘はおみくじになっており、開くと高橋氏直筆の「大吉」などの文言が表れ、場の空気を和ませる。

間を持たせるような小ネタを随所にしのばせる

営業中の、小さな店ならではの客席の緊張感を逸らす工夫の一つとして、ユニークな形の最中の皮や傘の小物の他、個性的な什器を活用する高橋氏。親しみやすい野菜を象った箸置きや、広く知られているアニメや特撮キャラクターの九谷焼の豆皿を用意している。共通認識のあるモチーフを目にすることで、お客同士や、お客と高橋氏との会話の糸口になるという。豆皿は器店で買いもの中に偶然見つけたもので、その後ネットショップを活用し種類を揃えた。コース途中で出す酒肴などにポイント的に使用する。

ワンオペ営業をしている先輩のアドバイスを受け、財務管理は税理士に依頼

高橋氏よりも先にワンオペ店を開業した先輩料理人の「外注できるものはしたほうがいい」というアドバイスを受け、日々の売上げ・仕入れ・支払い計算その他財務管理を税理士に一任。仕込みやメニュー考案、営業だけでなく、店舗運営のすべての負担が一身にかかるワンオペの業務を軽減し、できる限り料理に集中できる体制を整えた。レジはアプリで使用できるクラウドPOSレジを利用。月単位で売上げデータを税理士に送り、フィードバックを経営に役立てる。

高橋氏のある日のスケジュール

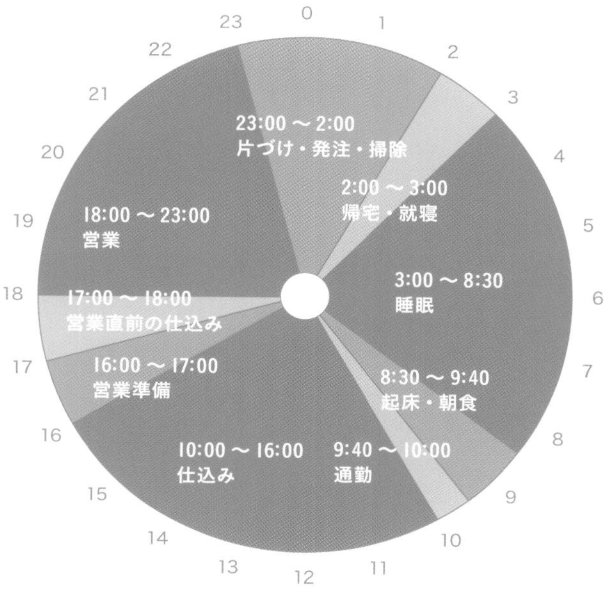

8:30 〜 9:40
起床・朝食

朝食は家族とすごせる貴重な時間。とくに２人の子供とのコミュニケーションを大切にする。

9:40 〜 10:00
通勤

学芸大学駅付近の自宅から店まで自転車通勤。途中スーパーマーケットに立ち寄り、季節の野菜を手にして次のメニューのアイデアをふくらませる。

10:00 〜 16:00
仕込み

毎日最初に仕込むのは椀に使うだし。昆布を水に浸け1時間半おいて充分に膨らませた後、火にかけて60℃まで上げて1〜1時間半じっくりと煮出し、昆布を取り出して70℃に上げてカツオ節を加え、漉す。その間、野菜のおひたしなどの冷菜、米研ぎ、デザート、煮炊きものの順に仕込み、においの移りやすい魚は最後に仕込んで調理場の洗浄の手間を減らす。色や状態の変わりやすいものは1〜2日分、日持ちしやすい煮炊きものやデザートのテリーヌは２〜３日分をまとめて仕込む。自身の食事は料理の味見のみとする。

16:00 〜 17:00
営業準備

仕込みがひと段落したら、客席の掃除と営業のセッティングを済ませる。

17:00 〜 18:00
営業直前の仕込み

営業中の作業を極力減らすための直前の仕込みを行なう。冷菜の盛り込み、茶碗蒸しの具と卵液の器への流し込み、炊き込みご飯の調味昆布だしの浸漬など。

18:00 〜 23:00
営業

18時以降でお客の要望に合わせた時間で予約をとり、23時頃には閉店。

23:00 〜翌 2:00
片づけ・発注・掃除

翌０時までに発注を行なう。食器は高橋氏の意向で食洗器は導入せずすべて手洗い。サーバーや火口、オーブンなど厨房内をすべて清掃し、客席の掃除は翌日行なう。

2:00 〜 3:00
帰宅・就寝

出勤時と同様、自転車にて帰宅。シャワーを浴び、食事もとらず酒も飲まずに就寝。

営業時間／18:00〜23:00
定休日／不定休

B

A

C

D

A

新玉ねぎ豆腐、桜海老すり流し、蓴菜

新タマネギをホタテ貝柱とともに炒めてみずみずしい甘みを引き出し、ピュレ状にして葛で練り上げ、葛豆腐に。そこに、生のサクラエビとタマネギを香ばしく炒めて仕上げた冷たいすり流しを合わせ、ジュンサイと青ユズで春から初夏へ移り変わりの一品とした。いずれも仕込んでおけるため、コース序盤にお客を待たせず提供できる。季節の素材の葛豆腐仕立ては賛否両論時代に学んだ品で、日々触れる素材から着想を得て高橋氏らしい仕立てに落とし込む。秋冬は聖護院ダイコンやブラウンマッシュルームを葛豆腐に仕立て、揚げ豆腐で温製とすることもある。

B

八寸

季節の素材を用い常時5～6品を揃える八寸。左から時計回りに、だし・ミリン・淡口醤油でさっと炊いて味を含ませた「ホタテ旨煮トマト」、「丸ナスの揚げ浸し」、「煮穴子と加賀太胡瓜胡麻酢和え」、「蓮根揚げ饅頭」、「イチジクの白和え最中」。ホタテ～と丸ナス～、煮穴子～は営業前に小皿への盛り込みまで済ませておく。一方、煮アナゴは仕上げに炙り、レンコン餅は揚げたてを盛り、最中も直前に皮に挟んで、八寸の中にさまざまな触感、温度、香りを盛り込み、コース序盤を盛り上げる品に。

E

F

E

飯　鮎と新生姜の炊き込みご飯

炊き込みご飯は、日中に浸漬・水きりした米を冷蔵庫に保管し、営業直前に調味しただしとともに土鍋に入れておき、漬物も営業直前にカットして盛り込んでおく。味噌汁は昆布とカツオのだしで魚の骨を煮出したものに、その時々で赤味噌、白味噌、信州味噌を溶いた地を仕込んでおく。営業時は土鍋の米にせん切りのショウガをのせて炊きはじめ、蒸らしのタイミングで塩焼きしておいたアユをのせて白ゴマとアサツキをふってお客に披露。アユをほぐして茶碗に盛り、ノリを加えて温めた味噌汁、漬物とともに提供する。

C

椀　いさき、糸瓜、白髪葱

だしは、昆布のうま味をゆっくりと引き出したところにカツオの旨みと香りを加えた、奇をてらわないもの。提供直前に温めながら塩と淡口醤油で調味し、だしの旨みと香りの引き立つ吸い地に。椀種は季節のもので、ここではイサキと糸ウリ。糸ウリはあらかじめゆでてほぐし、だし、淡口醤油、ミリンの地に浸けておく。イサキはおろして塩をあてるところまで仕込むが、仕上げの酒蒸しは提供直前。柔らかな触感と香りが生まれたところを椀に盛り、熱い吸い地を注いででできたてのおいしさを伝える。吸い口は彩りに芽ネギを混ぜた白髪ネギと、木ノ芽。

D

お凌ぎ　常陸牛の時雨煮

炊きたての白米に牛のしぐれ煮と卵黄を添えた品。すき焼きを思わせる甘辛い味わいで、シンプルかつ少量でも満足度の高い一品とする。白米は水の浸漬まで営業前に準備し、頃合いを見て炊きはじめる。牛肉は霜降りしてアクや余分な脂を落とすところまで準備しておき、盛りつけ直前に醤油、ミリン、砂糖、水の合わせ地でさっと炊き、柔らかな触感に仕上げる。「魚と野菜中心のコースなので、少量でもどこかに肉料理を組み込みたかった」と高橋氏。細やかな仕込みにより営業中の作業時間を最短に抑え、ワンオペであってもできたてのおいしさを随所に取り入れお客を飽きさせない。

F

アメリカンチェリーのゼリー
抹茶のテリーヌ

写真左の抹茶のテリーヌは、ホワイトチョコレートとバター、卵、抹茶パウダー、生クリームを合わせて湯煎でしっとりと焼き上げ、冷やしておき、抹茶パウダーをふって提供。抹茶の他に、ほうじ茶やきな粉などのバリエーションも。右はアメリカンチェリーと煮きった白ワインのジュレで、レモン果汁でさわやかに仕上げる。和えるフルーツは季節ごとに変わり、水菓子の役割。ともにシンプルながら、濃厚なテリーヌ、さっぱりとしたジュレとフルーツのコントラストでデザートの存在感を高める。いずれも新鮮な風味を保つよう2～3日で使いきれる量を仕込む。

冷凍可能なアミューズに、真空調理のメイン。
仕込み＋ア・ラ・ミニッツの段取りを考え抜いて
アラカルトでも手の込んだ料理を提供する

12 mille

ミル

住所／東京都中央区東日本橋 2-8-1
ケインズ東日本橋 1 階
電話／ 03-5829-8138

{ 東京・東日本橋 }

「ナチュラルワインと季節料理」を謳い、東京・東日本橋に2019年４月に開業。客席はカウンター主体、料理もアラカルトのみで約30品（350円〜6000円）とカジュアルな雰囲気だが、食材、味、サービスは「レストランレベル」を志向する。トリュフやフォワグラなどを用いたタルトレットやシューをアミューズとして提供し、お客がワインと楽しむ間に前菜やメインを調理。真空調理で７割方火を通した「ブレス産仔鳩のロースト」など、火入れにも盛りつけにも手をかけた一皿で個性を打ち出す。

千葉稔生

1980年東京都生まれ。調理師学校卒業後、「ポトフ」、「レストラン コバヤシ」、「オストラル」、「クレッセント」などで修業。29歳で渡仏し、トゥールーズ、パリのレストランで計約1年間働いて帰国。東京・三軒茶屋のワインバーでシェフを務め、「ユーゴ・デノワイエ恵比寿」などを経て2019年４月に独立。

店内は天井が高く、全体的に余裕を持たせた空間造りをすることで、贅沢さ、非日常感を演出。席の間隔を広くとり、カウンターは奥行き58cm、椅子は肘掛け付きとし、居心地のよさを重視した。厨房はワンオペでの動線を考えて設備を配置。スチコン、ガスレンジ、オーブン、プランチャ、低温調理器といった加熱設備はカウンター前の壁側に横並びに、洗い場は客席から離れた店の奥に設けた。

店舗面積／13.5坪（うち厨房約4.5坪）
席数／カウンター8席、テーブル4席　客単価／8000円

予約をとる際、２名なら30分、４名なら１時間、入店時間をずらす

オープン当初は無理に予約を入れて、結果、お客を待たせる時間が長くなり、満足のいくもてなしができずに反省することも多々あった。「できるだけ心地よい気持ちで帰ってもらいたい」と、試行錯誤の末、２名なら30分おき、４名なら１時間と入店時間をずらして予約を受けるように。「明らかに料理の待ち時間を減らせるようになりました」

メインの肉は１皿２人前ごとに真空パックで保管し、オーダーごとにそのまま低温真空調理

肉は掃除し、人数分を切り出して真空パックで冷蔵保存。メインは最初にオーダーするようお客に求め、まずは肉を冷蔵庫から取り出すことから調理がスタート。ホロホロ鳥を除くほぼすべての肉は、真空包装のまま７〜10分間の低温真空調理を行なって７割方火を入れ、仕上げのタイミングを図りながらフライパンやオーブンで焼いて仕上げる。

冷凍可能な生地ものを突出しに使い、ロスなく、かつスムーズな提供を

定番のファーブルトンは営業当日に生地から作るが、タルト生地と成形したシュー生地、焼いたブリオッシュの３種は３〜４日分をまとめて仕込んで冷凍ストック（写真）。営業前に当日分だけ焼き上げ、営業中は生地ものの温め直しや盛りつけだけの作業とし、ロスなく迅速に提供。バヴァロワも約３日間は日持ちするので、冷蔵ストックする。

ワインには特徴を記した札を下げ、裏にはグラスやボトルの値段を記す

ドリンクは、約300種を揃える自然派ワインを売りとする。ワインリストは作らず、オーダーの際には、お客の好みや料理との相性を意識したおすすめの数本を千葉氏がセレクトして、客席へ運ぶ。お客にはボトルに紐がけした札をもとに、各ワインの解説や値段を確認しながら楽しんで選んでもらい、１本ずつ説明する時間を省略する。

店のレイアウトを踏まえ、より接客しやすい席から順に案内する

カウンター越しに厨房から手をのばして料理を提供する、ワインを注ぐなど、１人でも効率のよい接客を考えてカウンターの設計などをしたつもりだったが、厨房内に設置した作業台の奥行きが予想以上に深く、結局その形でサーブできるのは店の入り口近くの３席のみ。そこで１組目の客はこの席に、２組目は厨房の出入り口すぐのカウンター、３組目はカウンター中央かテーブルと、接客しやすい席から順に案内する。

１人でも“レストラン”らしいサービスを可能な限り行なう

１人で切り盛り、かつ気軽に利用できるようなカジュアルな雰囲気とするものの、料理、空間、さらにサービスも「レストランの世界」をめざす。来店時のおしぼりはアロマ付きで夏は冷たく、冬は温かくして出すなど、小さな点も大切に。ただしカトラリーは皿ごとに変えず、１人につき１セットで通す形だ。またグラスはワインごとに変えるが、常連客の中には１人で忙しいことを悟り、変えないでOKという人も。そうしたお客のやさしさ、配慮に多くの助けを得ている。

千葉氏のある日のスケジュール

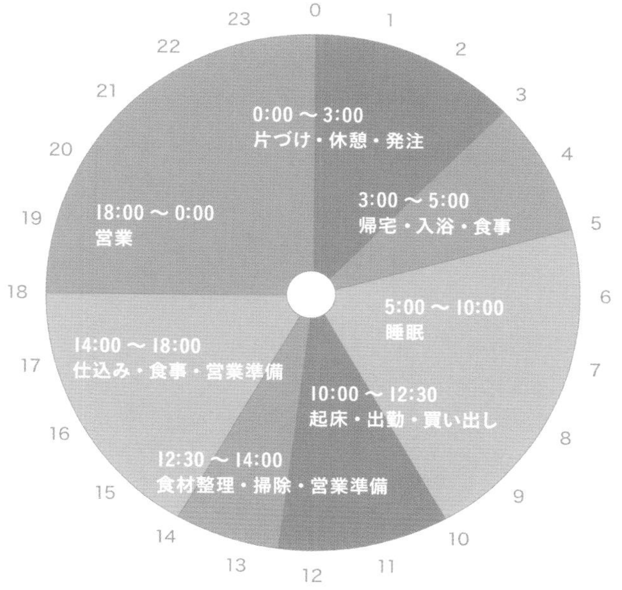

10:00 〜 12:30
起床・出勤・買い出し

起床は10 〜 11時。コーヒーを飲み、12時までには家を出る。パンの仕入れ先「ビーバーブレッド」など近隣店を自転車で巡り、出勤。

12:30 〜 14:00
食材整理・掃除・営業準備

昼にはネット注文した魚介や野菜が届くので、中身を確認して冷蔵庫へ。エプロンやおしぼりをコインランドリーで洗濯。その間、花の水やり、トイレを含めた客席空間の掃除を終え、テーブルセッティングまで行なう。

14:00 〜 18:00
仕込み・食事・営業準備

仕込みは当日分の突出しから。冷凍した生地ものを焼き、ファーブルトンは一から作る。メインの肉の切り出しや真空包装、ソースの材料の仕込みなどは在庫に応じてし、合間に食材業者などに対応。愛妻弁当か近隣で買った総菜パンを立ったまま食す。営業直前に店内の調光を合わせ、アロマ付きおしぼりを準備。

18:00 〜翌0:00
営業

21時前までは食事が目あての予約客が大半で、以降は近隣の常連客や2軒目利用のワイン目的のお客が予約なしで訪れる。料理は突出しや前菜のみのオーダーが増え、手があけばお客との会話も楽しめる。客足が少ない日は早めに閉め、近隣のオーナーシェフ仲間と集まり、情報交換の場を持つことも。

0:00 〜 3:00
片づけ・休憩・発注

最終客を見送った後は椅子に座り、ビールを飲みながら一息つく。深夜2時に締切られるネット注文の魚介と野菜の発注を済ませ、皿やグラスの片づけ、厨房の掃除を。客席から見える壁や調理機器のふき掃除は念入りに行なう。疲れて1時間ほど仮眠をとることも。

3:00 〜 5:00
帰宅・入浴・食事

帰宅後はテレビを見ながら、アルコールと食事をとりリラックス。遅くとも6時には就寝。

営業時間／18:00 〜0:00 (L.O. 23:00)
定休日／日曜

前菜とメインは ボリューム感を持たせて オーダー数は少なめに

前菜とメインは1皿2人前。これは、営業中、調理の品数が多くて作業が繁雑になるのを避けるため。食事利用の2人客の場合、1人につき突出し2〜3品に加え、2人で前菜1〜2品＋メイン1品が平均的なオーダー数。なお1人客に限りハーフサイズにも対応する。遅めの時間は、前菜1品や突出し、チーズのみなどの注文が多い。

突出しとメインは仕込みや 手順で効率化を図り、 前菜は臨機応変に構成

突出しは仕込みを充実させ、メインの肉料理は低温真空調理を取り入れたローストを基本とし、作業を効率化。その一方で前菜は旬の魚介など営業中に手がかかる素材も組み込む。ただし複雑すぎる調理法は避け、肉の加工品や煮込み、付合せのマリネなど、仕込みが可能な要素も取り入れて、バラエティ感のあるメニューを構成。

スチコン、低温調理器、 真空包装機、 ディッシュウォーマーなど、フル装備

“レストランの料理”を表現するには「自らの技術を過信せず、1人だからこそ道具に頼ることが必要」とフランス三ツ星店での修業経験を持つ先輩料理人の助言を受け、充実した設備を整えた。とくに肉の火入れに必要だったのが真空包装機と低温調理器。皿を温めるひと手間も時間のロスになるため、ディッシュウォーマーも欠かせなかった。

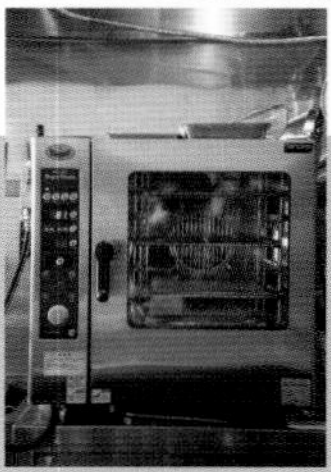

A

価格を抑えた突出しを5種用意し、 以降の皿の調理時間を確保

突出しとアルコールをゆっくり味わってもらい、その間にメインの肉の真空調理をはじめ、同時に前菜を作る。こうした食事の流れと調理の段取りを考え、素早く提供できる突出しを5種用意し、1人で数品を選びやすいよう価格を抑えた。トリュフやフォワグラなどの高級食材も含めレストランらしい食材使いで、オーダーを促す。

デザートや食後酒は揃えるも、 食後のコーヒー、紅茶は用意せず

開業前はコーヒーマシンの導入も検討したが、置き場所がなく、作業的な余裕からも満足できる味のものを提供できないと考え、食後のコーヒー、紅茶は用意しない形に。「コース料理では必須と思いますが、アラカルトなので決断できました」。食後酒は6種、デザートは仕込みが基本の3品を用意。デザートの注文率は約3割で、手間とロスを考え、1品ごとに揃える数量は控えている。

A

アミューズブーシュ盛合せ

(右から時計まわりに)「玉ねぎとベーコンのファーブルトン」、サクサクに焼いたシュー生地で黄身がメインの卵サラダを挟んだ「秋トリュフと卵サラダのエクレア」、魚醤などで和えたサクラエビを盛る「生サクラエビのタルトレット」、ブリオッシュのトーストにフォワグラのテリーヌと干し柿をのせた「フォアグラテリーヌとあんぽ柿」。中央は「ロマネスコのババロワ ピスタチオの香り」。ファーブルトンは定番で、他は季節や旬の素材に合わせて内容を頻繁に変えている。

B

真ダラ白子のフリット
ちぢみほうれん草のソテー
ミモレットの香り

表面はカリカリ、中はとろりと揚げ焼きしたマダラの白子のフリットに、チヂミホウレンソウのソテー、ハマグリの白ワイン蒸しとその汁で加熱したアスパラ菜、レンコンのチップスを添えた。ソースはハマグリの煮汁に生クリームを合わせて煮詰めたもので、レモン風味のオリーブオイルをたらす。さわやかな黄ユズの皮の他、濃厚な旨みと塩気のミモレットを削り、「グラタンをイメージした味の組合せ」に。料理の随所にマイクロリーフなどを用い、レストランらしい洗練された仕立てを意識。

C

ブレス産仔鳩のロースト

仔バトの胸肉はしっとり、腿肉は香ばしく焼き、赤ワインベースのソースとタマゴタケ、ラクテール、ピエ・ブルーのキノコ3種とゴボウのソテーを盛り合わせ、アクセントにカリカリのゴボウの素揚げと紫キャベツのチップスを。仔バトは低温真空調理により7割方火を入れた後、表面を焼いて温かい場所へ。その間に付合せとソースを一気に仕上げ、盛りつけ直前に仔バトを200℃のオーブンで熱々にする。肉の下処理とソースのパーツ作りは仕込み中に終え、営業中は短時間で仕上げる。

ワンオペ仕様の店舗を居抜きで引き継ぎ、おまかせコースのフレンチに。遅い時間は単品注文OKのワインバー利用にも対応

13 haru

ハル

住所／東京都新宿区四谷 3-4-2
電話／03-6457-8680

{ 東京・四谷三丁目 }

2019年11月、東京・四谷三丁目の静かな路地に開業。友人がワンオペで営んでいたイタリア料理店を譲り受け、予約制で8800円のおまかせコース（6品）を提供するフランス料理店に。おまかせとはいえ、替えの品や食材を２〜３種類用意し、お客の好みや希望に合わせてコースの内容を変えるのが特徴だ。また、すぐに出せる１品としてパテやコンフィを必ず仕込み、21時30分以降はワインバータイムとしてこれらの単品注文にも対応。コースを食べ終えてもう少し飲みたいお客や常連客に喜ばれている。

田中郷介

1979年神奈川県生まれ。大学在学中にフランスへの語学留学を経験し、卒業後、約１年間の会社員生活を経て調理師学校へ。再渡仏して「メゾン・ラムロワーズ」などで研修する。帰国後「プティバトー」、「ストラスブール」で修業し、「トリニテ」、「ビストロコンフル」、「エレゾハウス」などでシェフを務める。2019年11月独立。

東京・四谷三丁目駅から徒歩数分、飲食店が並ぶ大通りから1本入った道に立地。物件は、もともと何度も訪れていた、友人が営んでいたイタリア料理店の居抜き。ここなら自分が理想としている営業がイメージできると、開業を決意した。造作、調理設備ともにほぼそのまま使用するが、壁を青色に塗り替えるなどして印象を変えた。

店舗面積／12坪（うち厨房約4.5坪）
席数／カウンター12席
客単価／1万5000円

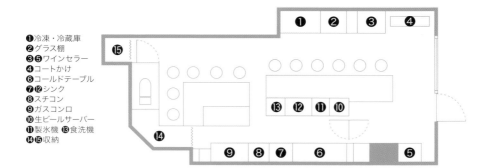

❶冷凍・冷蔵庫
❷グラス棚
❸❺ワインセラー
❹コートかけ
❻コールドテーブル
❼⓬シンク
❽スチコン
❾ガスコンロ
❿生ビールサーバー
⓫製氷機 ⓭食洗機
⓮⓯収納

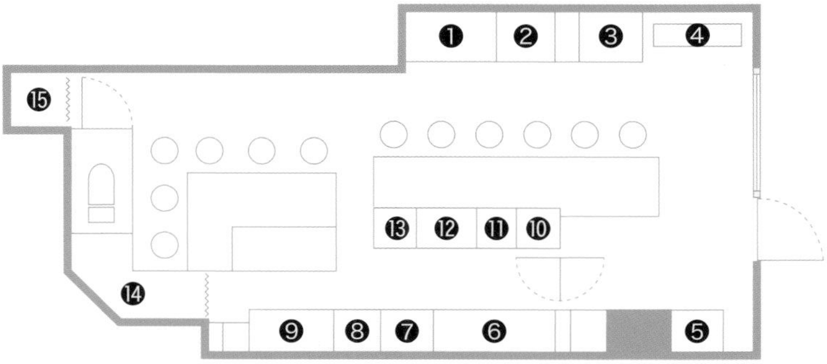

元はワンオペのイタリア料理店の居抜きで、厨房機器もほとんどを譲り受けた。ストックスペースも充実しており、食洗機もある。客席は入り口から奥にのびるカウンターのみで、奥の6席がコース専用席。手前は21時30分〜ワインバー席として利用する。フルオープンのキッチンは奥は料理、手前はドリンクやデザートと区分けし、作業台を兼ねるコールドテーブルの中もそれに伴った整理法に。

コースの予約は2組、最多で計6名までに限定

コースの予約人数を6人までと決め、基本は2組に限定。実際は2人客が多く、2組で計4～5人＋ワインバータイムに訪れる1人客、という構成になることが多い。この人数だと「オペレーションに余裕を持てる」ため店内はゆったりと落ちついた雰囲気に。少人数ならではの居心地のよさから長居するお客も多く、ドリンクの注文が増えるなど客単価の向上にもつながっているという。

柵や緑で「店前」を隠し、あえてレストランとわかりにくい外観に

予約人数を抑えているため宣伝は控え、かつふり客が入りにくいよう外観からは何の店かわからないようにした。独立前に4店でのシェフ経験があり、そこでの常連客が予約して来店するケースが多いので「ご来店予定の方だけにわかっていただければいい」と看板は小さな店名のみ。開業前から店前にあった植栽はそのまま残し、さらに外から店内が見えないよう青い柵を目隠しとした。

奥のカウンターはコースのお客専用、手前はワインバー専用の席に

カウンターは手前と奥に分かれており、奥の6席は予約限定のコース客専用の席。手前の6席は21時30分～のワインバータイムに開放する。田中氏は奥のカウンター内が定位置で、コース客中心に目が行き届くように意識。ワインバー利用については公には宣伝しておらず、訪れるのは勝手を知る常連客のみ。1人で静かに楽しむお客が多いため、多少目を離しても問題ない場合が多いという。

予約・顧客管理も仕入れも、スマートフォンのアプリを活用

予約や顧客情報、食材発注のメモなどはスマホのスケジュール管理アプリ「Time Tree」で一括管理。「発注のタイミングや予約時間の前にアラーム設定できるのも便利です」。突然の故障に備えてスマホは2台持っている。なお、店の電話は極力使わない方針で、予約はInstagramのDM経由を推奨。今では8～9割がその形だという。

仕込んでおける品を織り交ぜて6品構成のコースを組む

初来店客用の基本のコース構成はあるものの、お客の好みによって料理を変える田中氏。ア・ラ・ミニッツの品も多いが、仕込める品を数品組み入れることで営業中の段取りがスムーズになり、お客ごとに料理を変えても1時間半～2時間でコースを終えることが可能だという。「お客さまが疲れず、一皿ごとの印象も薄まらない品数」と考え、6品構成に。

コース1品目はあえてゆっくりめに提供する

1杯目のドリンクはすぐに提供するが、1品目のアミューズはあえて急がずに供し、ゆったりと食事を楽しんでもらうペースを作る。「最初にポンポンと出してしまうと、お客さまの食べるペースも速くなりやすいので」

五感を意識して、空間に「常にクモの巣を張る」感覚を持つ

学生時代にアルバイトをしたバーで「カウンター仕事は、空間に常にクモの巣を張る感覚を持つことが大事。お客さまの些細な動きを感じ取り、先まわりした接客をするように」と教わった田中氏。肉が焼ける音を聞きながら、お客と会話し、他のお客の動きも絶えず観察しつつグラスの空きもチェック。そんなふうに五感を駆使して意識を行き渡らせることで、心地よいサービスを実現する。

生ビールや割りもの、ノンアルコールドリンクにも対応

「ワンオペでも、できる限りお客さまの要望に寄り添いたい」とドリンクも柔軟に対応。ワインの他に生ビールのサーバーを備え、各種ハードリカーも用意。自家製コーディアルや「モナン」のシロップ、「アラン・ミリア」のジュースなど、ごく簡単なカクテルやノンアルコールドリンクを作れる素材も持つ。

グラスは全種席数分を揃え、営業中に洗わなくてよいように

器は物件と同時に引き継いだが、グラスは新しく購入。食洗機で洗えるものを選んだ。ワインバータイムも見越して、ワインに加えてグラッパやウイスキー用なども含めた約10種を、営業中に洗わなくて済むよう各12～13脚揃える。加えて、赤・白どちらに比重がかかっても対応できるよう、兼用のワイングラスを24脚用意。

昔から付合いのある業者にワインリスト・説明文の作成を依頼

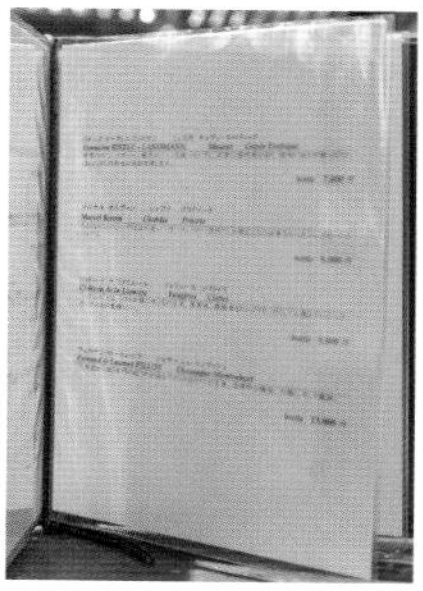

ワインは修業時代から知る「ハスミワイン」から多くを仕入れる。田中氏が好きなブルゴーニュ産に強く、信頼関係が築けているため、「ソムリエ業務を外注するイメージ」で、ワインリストやワインの説明文の作成も依頼した（現在ラインアップは一部変更）。なおグラスワインのメニューや価格表はなく、初めてのお客には「料理とグラスワイン3～4杯で1万5000円ほど」と先に全体の価格感を伝える。

調理中に「手が離せる」調理機器を活用

低温調理器と鋳鉄製のスキレットを愛用。前者はオーブンやコンロがふさがっていても加熱が可能なうえ、「つきっきりにならなくてよい」と仕込みでも活用。後者は食材にゆっくり熱が伝わって、焦げたり火が入りすぎたりすることが少ないので、調理中に手を離しやすい。

比較的どの品にも合う付合せやソースを常備

さまざまな料理に応用がきく野菜の付合せやソースを数種持っておくことで、アラカルトや料理の追加・変更に対応しやすい。田中氏はお客との会話の中で要望をそれとなく聞きながら料理を変えているので、苦手な食材が発覚した時に付合せやソースを差し替えたり、お腹に余裕があるお客に料理を追加したりする際に重宝する。

待ち時間も楽しめるように調理で「魅せる」ことを意識

食材の切り分けやフライパンでの火入れがお客に見えやすいよう自身の身体の向きや位置を変えるなどして、お客が調理工程を見て楽しめるように。コンロの上には手元用の小さな照明も設置する。「待ち時間が気にならないよう、調理を見せながらテンポよく声をかけ、お客さまの興味を引いて場を盛り上げるようにしています」。お客から見られることを意識し、まな板は傷がつきにくいものを選んだ。

余分な手間を省くために塩は容器に入れてふる

塩を調味料缶に入れて使うのは、田中氏の中で大きなポイント。「肉を焼くといった目の前の作業に集中するため、手を洗うという余計な手間は省きたい」のが理由の一つ。また、お客から調理のすべてが見えているからこそ、容器に入れてふることで衛生的であることを見せたいという狙いも。

21時30分以降にワインバータイムを設ける

コースの客数を絞っているぶん、売上げのプラスαとすべくワインバータイムを設け、大きく宣伝はしていないが、常連客にはその旨を伝える。ワインの他、マール、グラッパ、カルヴァドス、ラム、ウイスキー、バーボンなど食後酒をひと通り揃え、料理はお客に要望を聞いて、手元にある食材や仕込み済みのストックを活用しアラカルトで対応。食後酒を充実させるのは「コース利用の方も２軒目に行かなくて済むように」という思いもある。

コンフィやパテなど「すぐ出せる品」を複数用意する

写真の「イノシシのパテ」といった冷製シャルキュトリーやコンフィなど、調理の手数が少なくすぐに提供できる品を複数常備し、コースでの急な料理の差し替えや追加オーダー、ワインバータイムに備える。

エアコンとダクトの掃除は半年に一度、プロに頼む

掃除は基本的に営業の前後に行なうが、「手間をかけないと汚れが取れず、かなり時間がかかる」というエアコンとダクトの掃除は半年に一度業者に依頼する。また「汚れは見慣れると、このくらいなら大丈夫という正常性バイアスが働く。ワンオペだと自分１人の目しかないので、自分の感覚は信用せず丁寧に掃除」することを心がける。

田中氏のある日のスケジュール

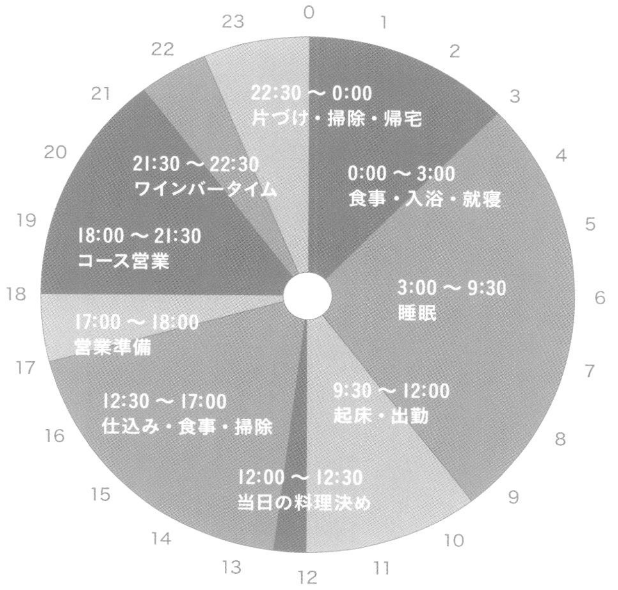

9:30 〜 12:00
起床・出勤

妻は出勤済みのため1人でのんびりと朝食をとり、簡単に家事をして出勤。自宅から店までは自転車で約20分。天気がよければ新宿御苑に行って散歩をする日も。仕入れは主に業者経由だが、少量の買い出しが必要な時はスーパーに寄る。

12:00 〜 12:30
当日の料理決め

まずはドリップコーヒーを淹れて、音楽を聴きながらひと息つき、仕事モードにゆっくり切り替える。天候と味の好みなどの顧客情報を確認しながら当日の料理を決めて細部を詰め、仕事の段取りを考える。

12:30 〜 17:00
仕込み・食事・掃除

パンの仕込みからスタート。料理の仕込みは時間がかかるものから順次進めていく。14 〜 15時に仕込みの合間をぬってパスタなどを手早く作り、昼食。だいたい14 〜 16時に食材やワインの納品がある。仕込みが一段落してから掃除を行なう。

17:00 〜 18:00
営業準備

当日の料理のスタンバイ。肉を室温にもどしたり、ソースを鍋に移したり、あらかじめできることをしておく。予約人数分のテーブルセッティングをし、クレマン社のコックコートに着替えて、営業モードに。

18:00 〜 21:30
コース営業

1組ごとに予約時間に差がある場合は、お客ごとのペースに合わせて、段取りを調整する。手が空いたら食洗機を稼働させ、そのタイミングで少しずつ片づけも進める。

21:30 〜 22:30
ワインバータイム

コースのお客に対応しながら、ワインバー営業。閉店時間は明確には決めておらず、お客の入り具合による。21時30分〜の予約がなく、お客も引いた場合は早めに閉店することも。

22:30 〜翌0:00
片づけ・掃除・帰宅

お客が退店後、片づけ・掃除を1時間で終わらせる。ワインや食材の在庫を確認し、スマホの発注リストにメモ。必要に応じてこの時間に発注も行なう。

0:00 〜 3:00
食事・入浴・就寝

サラダなどの軽食を作り、夕食をとる。アルコールは家では飲まない。入浴時間は長めで「湯船に浸かりながらYouTubeを見るのが最高の幸せ」。一部の発注業務は家で行なうこともあるが、基本的に家では仕事のことは考えないようにしている。

営業時間／18:00 〜L.O.21:30　定休日／不定休

A

ホロホロ鳥の胸肉のバロティーヌ

フランス産ホロホロ鳥の胸肉でトランペット・ド・ラ・モールとピスタチオを巻き込み、アルミ箔で包むところまで準備。営業時はアルミ箔ごとフライパンで表面を加熱後、180℃のコンベクションオーブンへ。時々転がしながら、肉汁の音や香り、さわった感触で火入れを見極め、焼き上げる。付合せは適度な歯ごたえを残してソテーしたハクサイに、ピマン・デスペレットをふったもの。旬の時季に常備するシュンギクのソースを添えて。

B

しめ鯖とジャガイモのサラダ

産地から直送されたサバを締めて仕込んでおき、お客の目の前でカットしてあぶる。これを、ゆでたジャガイモを白ゴマ油ベースのヴィネグレットとディルで和えたサラダとともに皿に盛り、イクラを添えた一品だ。締めサバは保存しやすく応用がきくため、脂がのる旬の時季には多めに仕込む定番のもの。今回の他、バゲットにのせてクロスティーニ仕立てにするなど、日やお客によって仕立てを変えている。

C

ホタテとジロール茸のムーステリーヌ

ふんわりと口当たりのよいムーステリーヌは、北海道産ホタテと、シメジやヒラタケなど数種のキノコのソテーを卵白と生クリームでつないだ後、ジロールのソテーを加え、テリーヌ型で湯煎焼きしたもの。冷製でも温製でも提供可能で、この日はほんのりと温め、バルサミコ酢を煮詰めたソースをかけて提供。温め直しには「手間なく一番おいしく仕上がる」と電子レンジを活用する。

A

B

C

D

豚の肩ロースのコンフィ

約2kgの豚の肩ロースを3日間塩漬け後、クセのないさらりとした口当たりの「関根の胡麻油」でコンフィにし、仕込んでおく。お客の前でカットして表面を香ばしくカリカリに焼き上げる。付合せは季節の素材で、この日はトリュフを削りかけ、トリュフと相性のいい土臭さを持つゴボウのピュレを下に敷いた。コースの追加の品としてや、ワインバータイムにもよく提供する一皿。

E

エゾシカのロースト

メインの肉は「人によって好みの違いが大きい」と牛、豚、鴨、シカなど4～5種類を持っておき、1組ごとの好みに合わせて何を出すか決める。これは秋冬によく提供する、北海道・厚岸産のエゾシカの腿肉のロースト。フライパンでリソレした後、オーブンに入れてはやすませることをくり返し、全体を均一なロゼに仕上げる。スキレットで適度な歯ごたえが残るように焼き上げた野菜やキノコと、焦がすくらいまでしっかりと焼いたポワローを添え、シンプルな赤ワインソースを流している。

ジャンルフリーで独創的なスパイス料理に
相性ぴったりの燗酒とナチュラルワインを
親しみやすい価格で打ち出す

14 SPICE hanten

SPICE飯店

住所／東京都杉並区西荻窪 2-19-5
電話／03-4400-7785

{ 東京・西荻窪 }

個性的な小規模店が集まる東京・西荻窪で「日本酒の燗酒とナチュラルワインを気軽な価格で楽しめる店を作りたい」と2019年２月に開業。「料理人として探求心が刺激される」スパイスをテーマに、中国料理やカレー、ピザなど、親しみがありながらもひとひねり加えた約20品を用意する。料理５品＋ドリンク３杯で約5000円を想定した値づけで、30 ～ 40種の日本酒や100種類以上のワイン、８種のクラフトビールから料理と相性のよいものを提案。７割を占める女性客は１人客も多く、幅広い客層から支持を集める。

岡本大佑

1982年神奈川県生まれ。大学卒業後、会社員を約半年間経験し、好きだった料理の道へ。都内の居酒屋や中国料理店など４店で料理修業を積む。その後、独立を視野に入れて熱燗酒場「酒坊主」では日本酒やクラフトビールとそれに合う酒肴を、「レインカラー」では自然派ワインとイタリア料理について主に学ぶ。2019年２月に独立。

1　グレーの壁と木材の家具を基調としたモダンなデザイン。店の設計は友人の設計士にコンセプトを伝えて依頼し、工事を一部手伝って経費を削減。日本酒を並べると客席の様子が見えにくいカウンターは唯一の反省点で「もう少し低くすればよかった」。2　厨房は掃除しやすく、経費も抑えたドライキッチンに。3　西荻窪駅から徒歩5分。昭和テイストな電飾スタンド看板と、ナチュラルワインや日本酒の空瓶、カレーと麻婆豆腐の食品サンプルが目印。

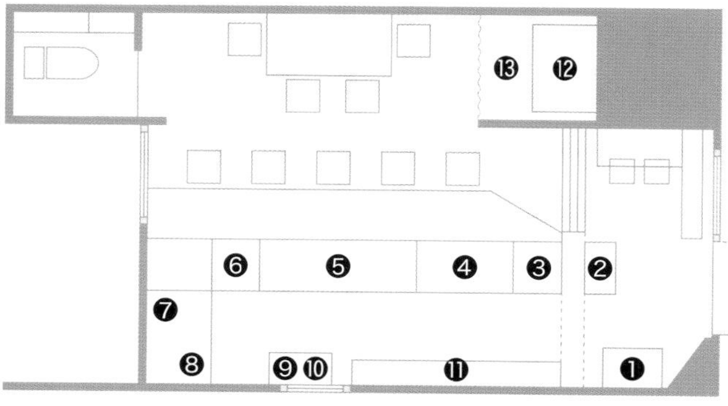

店舗面積／8.2坪（うち厨房3坪）
席数／カウンター5＋2席、テーブル4席
客単価／5000円

❶冷蔵ショーケース　❷ワインセラー　❸食洗機　❹❻シンク　❺台下冷凍・冷蔵庫　❼ガスコンロ　❽台下オーブン　❾炊飯器　❿電子レンジ　⓫グラスと器の収納棚　⓬冷凍・冷蔵庫　⓭物置

物件は1人営業でカウンター主体＋1テーブルを前提に探し、飲食不可だったスケルトンの現物件を大家に直接交渉。開業前はテーブル横の空間が気になったが、冷凍・冷蔵庫を置く物置として重宝している。厨房はコンロ横に調理器具が洗いやすいシンクを置くなど設計士に希望を伝え、作業しやすい動線、広さともに満足している。

予約は電話とInstagramのみに。留守電には設定せず、できる限りすぐにかけ直す

ふり客にも対応するが、前日までの予約客が7割を占める。予約は電話とInstagramのDMのみで、比率は8:2。「“今から入れますか?”といった当日予約も多いので、シンプルな電話が間違いがない。休日の電話もとくにストレスは感じないので留守電設定もしていません」。店とプライベートの2つの電話番号を受信できるスマホを1台持ち、いつでも予約を受ける態勢。車の運転中などで電話がとれなかった時は、着信履歴を確認次第かけ直すようにしている。

コロナ禍での営業の見直しを機に最大収容数を減らし、客単価を上げる

開業まもなくで満席の日が増えたものの、料理の提供が遅れてお客に謝る日が多くなり、悩んだ時期も。試行錯誤の中でコロナ禍以降の営業時間や人数制限の検討を機に状況を改善。「当初、平日は客単価4000円で2回転が理想でしたが、客単価を少し上げてゆっくりしてもらうほうがお客さまも僕も満足度が上がる」との結論に。最大収容人数を14人から10人に減らし、料理やドリンクの価格を一部上げ、状況を見ながら替えていた取り皿を必ず料理ごとに替えるなど、サービスも見直した。結果、客単価は5000円に上がり、想定した売上げも確保。安定経営につながり、時間的な余裕も生まれた。

最初にすべての料理の注文をしてもらうよう促す

メニューは定番と旬の素材から作るアラカルト約20品で、1皿2人分のボリューム。1人や3人の場合は量と価格を調整できることや「5品がちょうどいい」ことを話したうえで、最初に料理の注文を済ますように促す。1品ずつ食べ終わるタイミングで次の料理を提供し、5品目までの提供で2時間強が目安。5品目を出す前には「お腹の加減はどうですか?」と追加の希望を聞くが、ほとんどのお客が5品で満足し、追加注文は少ない。「開業当初は、お客さまのペースでオーダーを受けて混乱していましたが、最初に料理を決めてもらうようにしてから、時間が読めるようになりました」

初来店のお客には、定番を組み合わせたおまかせの5品を提案する

おまかせ5品はあらかじめ決めずに、お客の好みを聞きながら臨機応変に調整して岡本氏のペースで流れを作る。初来店のお客には「ピータンウフマヨ」、「Spice飯店的干し豆腐和え」、「酸っぱい白菜麻婆豆腐」などの定番メニュー、リピーターには季節メニューを組み込む。基本は食事として満足できるように、おつまみ的な2品と前菜的な2品、ご飯とともに楽しめる締め的な1品の5品で構成する。

同じ時間の予約は2組までとし、重なる場合は1時間ずらしてもらう

スムーズな料理の提供のために同時間の予約は2組4人までとし、3組目は1時間ずらしてもらうように相談。「30分ではバタバタしてしまうが、1時間なら大体うまくいく」。予約時間をずらすのが難しい場合やふり客には、「お待たせしてしまうので最初の2品だけは“おまかせ”にしてほしい」と相談。たいていは了承してもらえるという。

平日は基本1回転のみ。満足感を高めることに注力する

平日の予約は基本1回転のみとし、当日の遅めの時間に入る予約やふり客は状況次第で受け、現状は1.5回転に。「1人での営業は、自分の想定より多少の余力を残すことが肝心」。無理に客数を増やさずに料理、ドリンクともにタイミングよく提供できる余力を残し、お客の満足度を高めることに注力する。

多彩なスパイスや自家製の薬味で シンプルな料理に複雑味をもたらす

さまざまなジャンルの店で料理修業を積んだ岡本氏。独立にあたり、自身が大好きな日本酒とナチュラルワイン、クラフトビールに合う独創的なスパイス料理を提供。普段使うスパイスは15種以上、辣油や炸醤(中華肉味噌)も自家製する。最近は台湾好きが高じて中国料理の比率が増えたが、ピザやカレーも定番で1人営業ゆえに「決めごとは何もない」のが基本。

ワンタンやピザ生地は、定休日に まとめて仕込んで冷凍保存する

スムーズな料理の提供のために、定番メニューのワンタンは2ケース(112個分)、ピザ生地は6枚分(各100g)をまとめて仕込み、カレーも10皿分を仕込んで1皿ずつ小分けにして冷凍ストック。営業日は午前中に当日分の仕込みを行ない、開店直前に干し豆腐和えや麻婆豆腐などの人気の炒めものの出数を予測して食材や調味料を一皿分に分け、一時保管。営業中は、自分のペースを守りながら調理と接客に集中できるように、万全の態勢を整える。

お客からの気遣いは 素直に甘えて受け入れる

ワンオペ営業をはじめてから気づいたのが、お客からの気遣い。料理の受け渡しや空いた皿やグラスを下げるのに、お客が率先して手助けしようとしてくれることがある。そんな時は遠慮がちになるよりも甘えてしまうほうが、お互いにいい気分になると感じ、「助かります」と素直にお願いしている。

複数揃えるクラフトビールは、 お客自身に見て選んでもらう

ビールは、日本酒やワインと同様に日々在庫が変わるクラフトビール約8種とハウスビール「台湾・金牌」を用意。「自分で選ぶのが楽しい」という岡本氏自身の経験から、「ご自分で選んでもいいし、おすすめもできます」と伝えると、ほとんどのお客が入口近くの冷蔵ケースの前まで選びに行く。選んだビールは岡本氏がグラスに注ぎ、缶と一緒にテーブルへ。

ドリンクはリストを作らず 料理に合うものをすすめる

日本酒は30～40種(150mℓ)、ワインは約6種のグラス(80～100mℓ)と100種以上のボトルを用意。中心価格帯は日本酒、グラスワインが900～1000円、ボトルワインは5000～8000円。「料理と合うものをすすめる」のが基本スタンスで、お客の好みを聞くほか、「おまかせ」されることも多い。3～4人のグループ客には全員が同じ味を楽しめるように、ボトルワインや人数分の日本酒をすすめる。ボトルワインは好みに合わせて3種ほどをテーブルに運び、口頭で説明。日本酒、ワインともに瓶の後ろラベルに抜栓日と価格を小さく書いて管理する。

カウンターに日本酒を並べて コンセプトを伝えながら目隠しに

「スパイスを使った料理と燗酒はとても合う。温かい燗酒は身体にもやさしいので、ぜひおすすめしたい」と、カウンターに酒瓶を並べて日本酒をアピールしながら、作業の手元を隠す目隠しに。燗にする時は、デザインが魅力的な一合瓶を再利用。お客の興味を引くほか、透明な瓶には熟成が進んで濃くなった日本酒やにごり酒特有の色を見せられる利点も。なお、日本酒の知識と愛着を深めるために、年に数回は全国の蔵元に見学に訪れる。

開業3ヵ月で食洗機を購入し、1時間以上早く帰れるように

開業時から食洗機を導入したかったものの、配置場所がなくて断念。しかし開業後は閉店後の洗いものに予想以上に時間がかかり、連日帰宅時間が深夜3時に。「これはまずい」と思った矢先、3ヵ月で製氷機が壊れたため、食洗機と入れ替えた。「たまたまネットオークションで、ちょうどいいサイズが見つかり、即購入しました」。結果、帰宅が1時間以上早まり、大満足。

外から店内の活気が見えるよう、入口近くにカウンターを設置

「ワイワイとした雰囲気が、ショーウインドー越しに外から見えたらいいなと思って」とデッドスペースになりがちな入口近くのスペースに奥行25cmのカウンターを設置。当初は3人ほどが集えるスタンディングだったが、「やはり椅子があったほうがいい」と思い直して2席を設けた。少し窮屈でも他の席から離れた独立した空間で落ち着くと、あえてこの席を好むお客も少なくないという。

合同イベント開催などで刺激を受け、「ワンオペゆえのマンネリ」を防ぐ

マイペースのワンオペ営業には魅力を実感する一方、「マンネリ化は怖い。自分のベクトルがずれているのではないかと不安になることがあります」と岡本氏。それを防ぐために心がけているのが、ふだんの営業とは異なる活動だ。気になる店の食べ歩きに加え、1年に数回は催すイベントもその一環。西荻窪エリアの3店による音楽と料理の合同イベントなど、打合せや料理の準備など手間と時間はかかるが、楽しみながらおおいに刺激を受け、得るものは大きいという。

月に7日の定休日を設け、仕込みや趣味の時間に充てる

開業当初は週休1日だったが、すぐに仕込みが間に合わずに休みがとれない状況に。「独立したのにこれでは意味がない」と、営業日数と売上げバランスを見直し、月7日を定休日に変更。3〜4日は「大きな仕込みの日」とし、この日はスパイスや調味料を求めて大久保エリアのアジア食材や中華食材の店にも行く。残りは完全休日とし、週1で趣味のサーフィンに出かけてリフレッシュ。「平日でも波がいいとわかれば、前日に翌日分の仕込みを済ませて朝からサーフィンに行くことも。そんな自由な時間の使い方ができるのもワンオペ営業の醍醐味です」

岡本氏のある日のスケジュール

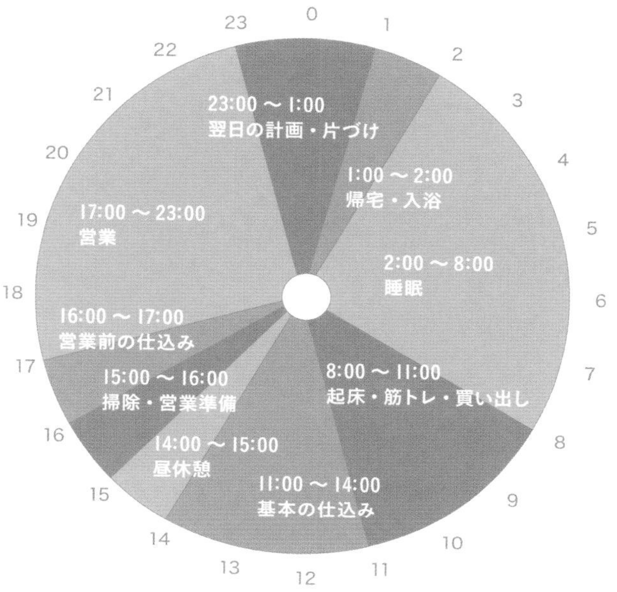

8:00 ～ 11:00
起床・筋トレ・買い出し

起床後、コーヒーを淹れて音楽を聴きながらゆっくりとすごす。30分間ほど筋トレした後シャワーを浴びて、10時半頃には家を出る。店までは自転車で約10分。途中、荻窪駅ビル地下のスーパーに寄り、前日にメモした野菜や魚介などを購入。

11:00 ～ 14:00
基本の仕込み

すぐに当日分の仕込みを開始。予約人数に関わらず、満席1.5回転分の分量を想定して準備。営業直前に行なう仕込みを残し、14時終了を目標に作業を進める。

14:00 ～ 15:00
昼休憩

営業日は基本1日1食なので、昼食はしっかりとる。平日は近所の店で外食し、土日は自分で作ることがほとんど。酒の買いつけや自然派ワインの試飲会に行く日は、早めに出勤して早めの時間に仕込みを終わらせて、昼休憩を長めにとる。酒類は日本酒は3業者、ワインは2業者と取り引きしており、直接買いに行くことが多い。業者との専門的な会話は楽しく、気分転換にもなる。

15:00 ～ 16:00
掃除・営業準備

当日のメニューを手書きして3枚コピー。床の掃除をしてトイレをチェックし、テーブルに箸やメニューをセッティングするなど、お客を迎える準備を進める。

16:00 ～ 17:00
営業前の仕込み

開店直前の仕込みは、営業中に効率よく作業を進めるための大切な準備作業。1皿分の食材や調味料を数皿分まとめてセットしたり、時間が経つと水分が出てくる「春巻」の成形などを行なう。

17:00 ～ 23:00
営業

前日までに入る予約は18時～19時の時間帯がほとんどで、前後の時間は状況次第で当日予約やふり客を受ける。滞在は最長3時間でお願いし、最終入店は22時。料理は早めの時間帯は「5品」をすすめるが、21時以降は22時過ぎまでに提供できる「3～4品まで」と了承を得たうえで対応。

23:00 ～翌 1:00
翌日の計画・片づけ

閉店後、まずは座ってビールを飲んでひと息つき、10～15分で在庫チェックや翌日のメニュー、買い出し、仕込みを計画し、メモしておく。その後、一気に皿やグラスを片づけて、厨房全般と客席の床以外の掃除、レジ締めをすませ、1時までに退店。

1:00 ～ 2:00
帰宅・入浴

帰宅後すぐに入浴して就寝。睡眠時間は6時間が理想だが、動画配信サービスで映画やドラマを観てしまい、3時過ぎに寝落ちする日が多い。

営業時間／平日 17:00～23:00（最終入店22:00）
土日祝 15:00～22:00（最終入店19:00）　定休日／火曜、他不定休

A

ピータンウフマヨ

ゆで玉子とソースを用意しておけば短時間で提供できる「ウフマヨ」は岡本氏自身、もともと好きなメニューで、ピータンを主役に考案。ピータンは中国本土産より特有のクセが控えめな台湾産を使用。黄身が固くなるように6分間蒸すことで、ほとんどクセが消え「ピータンが苦手な方でも“これはおいしい”と言っていただける」と自信をもってすすめる看板メニューだ。芝麻醤をベースにマヨネーズ、腐乳、黒酢などを加えたとろりとしたソースをかけ、自家製辣油をたらす。なお食べやすく、シェアしやすいようにピータンは八等分にカットしてある。

B

しびれる花椒！　しらすポテサラ

花椒の刺激をほのかにきかせたシャキシャキとしたジャガイモのサラダは、そのギャップでお客を驚かせるべく、あえて「ポテサラ」と命名。発想の原点は、修業時代に中国人の料理人がまかないで作っていたジャガイモの炒めもの。シラスとせん切りにしたジャガイモ、ピーマン、香菜の茎をさっとゆでた後、花椒、青・赤トウガラシで香りを出した油で軽く炒め、酢やナンプラーで調味。冷やしてから、提供直前に白バルサミコ酢とレモンに似た風味をもつ木姜油をかけて仕上げる。ベースのサラダは仕込み後3～4日はもち、短時間で提供しやすいため重宝する品。

C

Spice飯店的干し豆腐和え

メニュー名は「干し豆腐和え」でも、じつは炒めもの。「ほとんどの方が冷菜と思われるので、温かくて“えっ？”となります」といたずらっぽく笑う岡本氏。干し豆腐は軽くゆで、水気をきるまで準備。開店直前に他の具材と調味料の1皿分をセットし、数分間で素早く仕上げる。味のベースは自家製の炸醤（中華肉味噌）と梅干菜（からし菜の塩漬干し）、干しエビなど。油で炒めて香りを立たせ、干し豆腐とキクラゲを加えて鶏スープを足し、黒酢などで調味する。最後にネギ油をまわしかけ、自家製辣油、焦がし万能ネギをトッピング。香り豊かな滋味あふれる味わい。

A
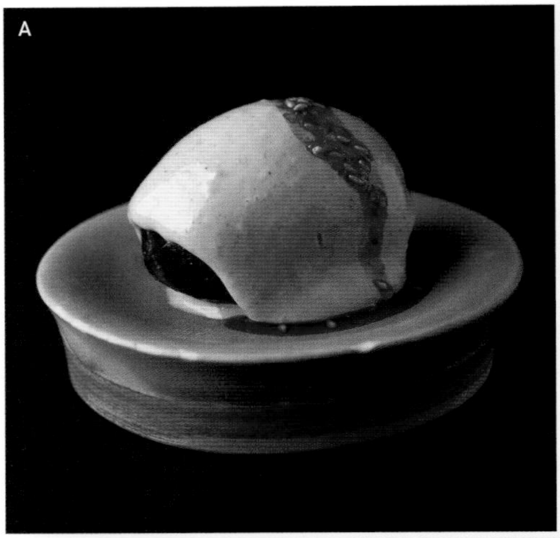

B

C

D

皿雲呑（鶏なんこつ馬告）

冷凍ストックしているワンタンは、オーダーが入ったら他の料理を準備する間に電子レンジを使って完全に解凍させておき、提供直前に短時間でゆで上げる。段取りよく3〜4品目に提供しやすい定番メニューで「鶏とレモングラス」、「仔羊とドライトマト」など具材を変えることも。「鶏なんこつ馬告」は、独特の歯ごたえになるように鶏の腿肉と軟骨を叩いて合わせ、レモングラスのような強い香りと酸味を感じる台湾産スパイス「馬告」で風味づけ。具入りネギ油、老抽（中国たまり醤油）、黒酢をかけ、ココナッツパウダーをふり、香菜を添えて。1人客には2個盛りで用意する。

E

酸っぱい白菜麻婆豆腐

乳酸発酵の酸味がきいた白菜の漬物「酸菜」を加えたオリジナルの麻婆豆腐。豆腐をゆでて水気を充分にきるまで準備し、営業直前に一皿分の炸醤、熟成期間の異なる豆板醤2種、花椒、豆鼓、ニンニクをセット。オーダーが入ったら油で炒めて香りを立たせ、鶏スープを加えて黒酢、砂糖、老抽、紹興酒で調味した後、酸菜を足して味のベースを完成させる。豆腐ときざみネギを加えて水溶き片栗粉でとろみをつけ、自家製辣油をかけて皿に盛り、花椒をトッピングして仕上げる。コロナ禍以降、1人分ずつ皿を分けて提供している。「白飯希望」のお客には、カレー用に用意するバスマティライスをすすめる。

「居心地のよさ」を店名に掲げて開業。
カウンターは段差のないフラットタイプで、
調理中も客席とのライブ感を演出

15 ——— L'Agréable Esprit de GAMIN

ラグレアーブル
エスプリ ド ギャマン

住所／東京都江東区門前仲町1-2-5
マガザン門前仲町2階
電話／03-6458-8696
https://esprit-de-gamin.gorp.jp

{ 東京・門前仲町 }

2019年、東京・門前仲町駅から徒歩1分、新築2階建ての2階に開業。一から設計した店の主役は、厨房と客席で段差のないフラットカウンターだ。厨房から料理を出しやすく、お客からは調理中の手元が見える造作でライブ感ある食事の場を完成させた。メニューは7700円のおまかせコース（8品）が基本。フランス料理をベースに、〆にカレーを出したり、味噌や醤油といった和の要素を取り入れるなどして、親しみやすさを加味。月替りのコースを楽しみに待つ近隣の常連客も多い。

佐山典義

1980年東京都生まれ。調理師学校とそのフランス校を卒業後、木下威征氏がシェフを務める「モレスク」で3年間修業。氏の独立に伴い「オー・ギャマン・ド・トキオ」に移り、「ブラック・キュイジーヌ・ド・ギャマン・ブロックス」などグループ店で約11年間働く。2019年独立。

1 カウンターに面した厨房の天井にはお客に圧迫感を与えない程度に吊り戸棚を付け、冷菜用の皿や調味料を。2 客席から見えにくい厨房奥に洗い場がある。3・5 調理風景を見ながら食事ができるカウンター席の他、半個室を用意。4 門前仲町駅から徒歩1分の新築建物の2階。店専用のネイビーの階段は佐山氏が好きなハワイの海をイメージした。

店舗面積／約12坪（厨房約5坪）
席数／カウンター8席、半個室1室（6名）
客単価／1万2000円

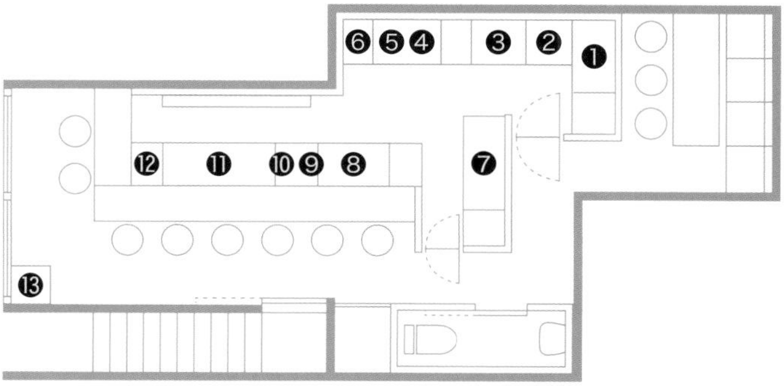

❶❻⓬シンク
❷食洗機
❸冷凍・冷蔵庫
❹ガスコンロ
❺台下オーブン
❼⓫コールドテーブル
❽IHコンロ
❾プランチャ
❿電子レンジ
⓭ワインセラー

路面から階段を上って店に入ると目の前にオープンキッチンのL字型カウンター。右奥には半個室、手前に壁兼棚を設け、間に厨房と半個室をつなぐ出入り口を作った。厨房はIHコンロやプランチャ、盛りつけスペースなどがあるカウンター側、ふり返ってすぐ調理できるガスコンロがある壁側、半個室手前の洗い場に分かれる。

予約を１時間おきにずらすなど入店時間の重なりすぎを回避

「何人ものお客さまを一斉スタートでまわすのは１人では難しい」との考えから、同じ時刻の予約の数はある程度に抑え、あとは１時間ずつずらして予約を受ける。「来店時間は前後することが多く、30分の差だと逆に微妙に時間が重なってよりハードになる可能性もある」からだ。営業中は入店順に次々と料理を提供し、お客をできるだけ待たせないよう心がける。

予約台帳アプリを利用し、お客の特徴、料理やワインの好みを登録する

飲食店向けの予約台帳アプリ「レストランボード」を利用し、iPadで予約管理を行なう。お客の名前に加え、料理やワインの好み、人物の印象などを入力して次回の来店に備える。「オープン当初は紙の予約台帳に手書きで記入していたので履歴を見返すのが大変でしたが、今はゲストの名前を入れるだけで過去の来店履歴がすぐに確認できて便利」

コース内容が変わる月の頭は客数を絞る

料理は月替りのおまかせコース１本。毎月内容を変えることでリピート率の向上を狙っており、実際に近隣を中心に常連客が多い。ただ、メニューを変えるたびに段取りも変わってくるため、新メニューの最初の提供日は予約を受ける数を減らし、営業中に慌ただしくならないよう余裕を持たせる。さらに営業してみて気づいた反省点を翌日以降に反映しながら、予約の数を通常営業に戻す。

１人でまわせる小さな店舗ゆえに、天井裏などを収納スペースに

物件を見つけた際、まだ建設中だったため、大工からの提案で入居する２階の天井上に屋根裏収納のスペースを作ってもらうことができた。「個室を設けたこともあって収納空間をあまり確保できなかった中、常時使わない皿や仕込みの時にだけ用いる調理道具、店下に置くメニュー板などの保管場所として重宝しています」

肉やパーツを常温にもどす空間を確保

仕入れた肉は営業時に使いやすいよう掃除して２人分や３人分に切り分けて真空にかけ、氷を詰めた発泡スチロール製の箱に入れて冷蔵庫で保管する。営業前からこれらの肉や、仕込んでおいたパーツを常温にもどしはじめるが、厨房設計時にその専用空間をＩＨコンロの下に確保。営業中、手をのばしたら届く場所に配することで、無駄な動きが出ない。

カウンター前にプランチャを設置。客前での調理＆洗いものが減る利点も

独立前の店で使い慣れたプランチャを導入。付合せの野菜のソテーやガーリックライスの調理などを客前で行ない、食欲をそそる香りとともにライブ感を演出。またフライパンなど道具を使わずに済むため、洗いものが減るメリットも。客席に油がはねないよう前面にガラス板を設けたが高さが足りず、開業後に高さのあるものを追加した。

電子レンジを見えない場所に置き、消音モードで利用

独立準備段階で「仕込んだものを短時間で解凍・加熱できる電子レンジは便利なので絶対に置こう」と考え、厨房を設計する際にあらかじめサイズを測って場所を確保。お客の視界に入ったり、加熱終了のブザー音などが聞こえるとレストラン空間として興ざめするため、プランチャの下に設置し、消音モードで使用している。

厨房内から料理を出しやすいようカウンターは段差のないフラットな構造に

厨房の外に出ないで中から作りたての料理を即座に目の前のお客に出せるようカウンターの高さや幅を計算し、段差のないフラットな構造にしてもらった。仕切りもないため、皿に料理を盛る様子もお客からよく見え、期待感を高める効果も。ただし、客席に面したプランチャとＩＨコンロの前や、シンクの周囲には油や水はね防止の板を設置している。

ＩＨコンロを導入。未使用時は盛りつけスペースに

客席に面したカウンターの内側には、スタンドタイプの２口のＩＨコンロを導入。営業中は主に仕込んでおいたソースの温めと揚げものの調理に用いる。ガスコンロのような熱が発生せず、未使用時は盛りつけ台としても使えるため、手狭な厨房で活躍。「１人だと火加減の調節も大変ですが、ボタン一つで一定温度をキープできて安心」。表面がフラットで掃除がしやすいのもポイントだ。

アイスクリームなど専用器具や手間を要するものは既製品を活用

デザートに用いるアイスクリームはタカナシ乳業㈱の業務用の商品を、またパイ生地も冷凍商品を仕入れて使う。「アイスクリームを作るにはマシンとその置き場所も必要で、材料の原価も結構かかるもの。料理のすべてを１人で作るのは大変なので、既製品も取り入れています」

メニュー替えに合わせ、月初か月末に仕込みの日を設け、ソースなどを用意

定休日以外に不定休を設けている同店。月替りであるおまかせコースの新メニューがはじまる前、月末や月初に店の営業を１日休みにして、仕込みに充てる。フォン・ド・ヴォー、フュメ・ド・ポワソンなどの基本のだしやアメリケーヌソースやトマトソース、またその月のメニューに使うソースなどをまとめて作り、小分けにして冷凍保存しておく。

１人客や常連客は自分の立ち位置前の席に案内

営業中、お客と会話をしやすいように常連客や１人客には、自分の立ち位置である熱源前、カウンター端に席を用意する。その他のお客は、座った後ろ姿が外から見える窓側から順に案内。建物の前を通る人や店前に置いたメニュー板に興味を持った人が上を見上げた時に、食事を楽しむお客の様子が見えることを狙っている。

予約客の伝票は前日の営業後にコースの価格も含めて書いておく

営業中はお客の伝票を書く時間も惜しいので、事前に予約ごとに、日付、名前、人数とコース料金の合計金額、パン代・席料の合計金額を記しておく。しかも日中はやることが多くて後まわしになりやすく、また仕込み中にその日の予約客の数もすぐ確認できるよう、前日の営業後にこの伝票を記してから帰宅する。

目立たない場所に時計を置き、来店時間や進行具合を確認

腕時計をはめて作業をするのが好きではないという佐山氏。開店祝いにお客から小さな置き時計を贈られたことから、これを厨房内にセット。営業中の自身の立ち位置から見えつつも、お客からはあまり目立たない場所に置いて、時間を確認する。お客の来店時間や営業中の進行具合をこまめにチェックし、時間配分に気をつける。

グラスワインは赤・白各４種、割りものも用意し、お客に選択肢を

「できるだけお客さまの選択肢を増やしたい」との考えから、グラスワインは泡１種、赤と白を各４種、さらにミモザなどのカクテル類や割りものを、そこまで手がかからない範囲で作る。ただし専用サーバーの設置場所や管理が必要な生ビールは扱わず、ビールは瓶のみとする。

リストには各ワインのブドウ品種や特徴をコメント入りで表記

ワインはフランス産以外にイタリア、米国、ドイツ産など15種以上をリストに記載。シャルドネ、ピノ・ノワールなどわかりやすい品種の品を揃え、品種や製法、香りや味わいの特徴を記し、口頭説明なしでも選びやすい形に。常連客の好みに合わせて１本単位で仕入れるものもあり、セラーには約120本を保管。「文言は私が考えますが、リストや料理のメニュー表の作成は妻がやってくれています」

パンは台下オーブンで焼けるフォカッチャ。塊で焼き、営業前に切り分ける

料理とのマッチングを考え、パンは外注せずに自ら焼く。ただし「台下オーブンでも焼成が難しくないよう」、提供するのはフォカッチャとし、毎日大きめのものをオーブンで焼く。「焼きたてがおいしいのはもちろんだが、営業中のスムーズな提供は重要」。それゆえ、営業前にすべてカットし、ラップ紙をかけて保管する。

パーツは営業前に調理もカットも済ませ、営業中の手数は最低限とする

その日のコースで必要な料理のパーツは営業前にポーションに分け、営業中の手数はできるだけ減らす。たとえば、締めの食事で供するガーリックライスは営業中にニンニクとご飯を炒め合わせるが、使うご飯は２人分、３人分に分けて冷蔵してあり、電子レンジで温めればすぐ炒められる状態とする。また魚なども切っておくだけでなく、営業直前に塩、コショウまで済ませることも。

パスタは1.4㎜の細麺を使用

締めとして主菜の後に米料理もしくはパスタを提供する同店。パスタは乾麺とするが、調理時間を抑えるため太さ1.4㎜の細いタイプを用いており、ゆで時間は５分。「以前、間違えて1.7㎜のものを使った時はゆで時間が７分になり、２分変わるだけで段取りが狂ってしまい、大変でした」

店内の掃除はすべて父親が担当

一緒に暮らす父親に毎日店に来てもらい、店内や入り口階段の掃き・ふき掃除、モップがけの他、おしぼりのたたみ直しなどをまかせている。「自営業だった父は引退したところだったのですが、私が１人で開業すると知り、掃除など何か手伝おうかと言ってくれて。自分だけで掃除と仕込みの両方を行なうのは大変なのでとても助かっています」

佐山氏のある日のスケジュール

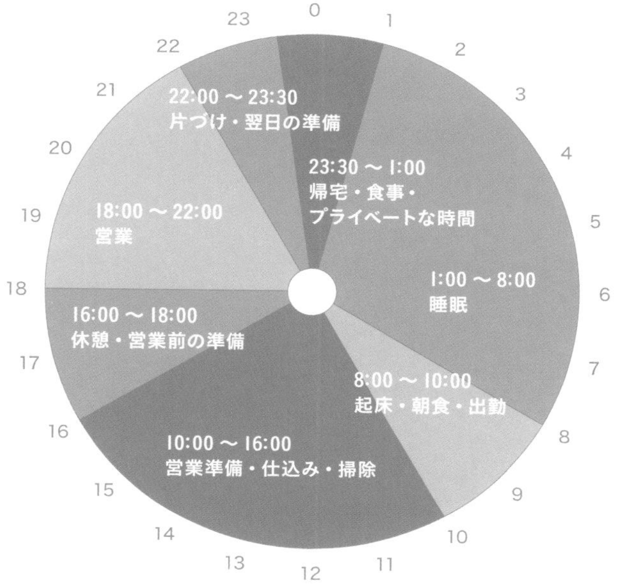

8:00 ～ 10:00
起床・朝食・出勤

朝食をとって身支度を済ませ、両親と同居する実家から店まで原付バイクで30分かけて通勤する。

10:00 ～ 16:00
営業準備・仕込み・掃除

当日分のフォカッチャを作って焼いたり、すでに仕込んでおいた食材をポーションに分けたり、常温にもどしたりする他、予約客数分の仕込み・調理を行なう。掃除は毎日12時頃に佐山氏の父親が出勤して実施。14時頃に母親の作った弁当を食べる。

16:00 ～ 18:00
休憩・営業前の準備

予約状況によって時間は変わるが、１時間は仮眠をとり営業に備える。17時開店の土曜・日曜は15時に休憩に入り、16時から営業前の準備をスタート。「精神的な余裕を持ってお客さまを迎える」ことを心がけているため、この時間帯に慌てて仕込みをすることはなく、ブランチャやオーブンを温めたり、ポットに氷水を用意したり、細かな準備を進めながら夜の営業に向けてスタンバイする。

18:00 ～ 22:00
営業

営業中は主菜の火入れなどを行ないつつ、仕込んでおいたパーツを手際よく組み立ててスムーズな料理提供をめざす。また調理とサービスの合間に、お客とのコミュニケーションも図る。下げた食器はできるだけためず、厨房奥に設置した食洗機にそのつど入れて洗う。

22:00 ～ 23:30
片づけ・翌日の準備

閉店は22時。営業後は片づけやレジ締めを行ない、食材をFAXで発注したり、翌日の仕込み用に冷凍品を解凍する他、口直しのグラニテを予約客数分グラスに盛って冷凍保管する。さらに予約客の伝票を書き込むなど、前日にやれることはすべて済ませて翌日に備える。

23:30 ～翌 1:00
帰宅・食事・プライベートな時間

原付バイクで家に帰り、妻と母親が作った食事をとって入浴。床に就くまではYouTubeで趣味であるクラシックカーの映像を見るなどしてリラックス。「睡眠はしっかりとるようにしている」ため、１時頃には寝る。

営業時間／18:00 ～22:00（土日は17:00 ～）
定休日／月曜（祝日の場合、翌火曜）、他不定休

A

炙り〆鯖のポテト握り仕立て

ポテトサラダをシャリに見立てて、握り寿司のイメージに。マッシュポテトにきざんだいぶりがっこやニンニクと炒めたベーコンなどを混ぜ、ワサビの代わりにマスタードを加える。サバは砂糖と塩で締めた後、白バルサミコ酢でマリネし、提供時にバーナーで皮目をあぶる。ペペロンチーノ風に調味した魚醤入りの野沢菜の茎をのせ、シャキシャキとした触感に。営業前に締めサバのカット、ポテトサラダの成形、野沢菜の調味を済ませ、提供時はほぼ盛るだけとする。

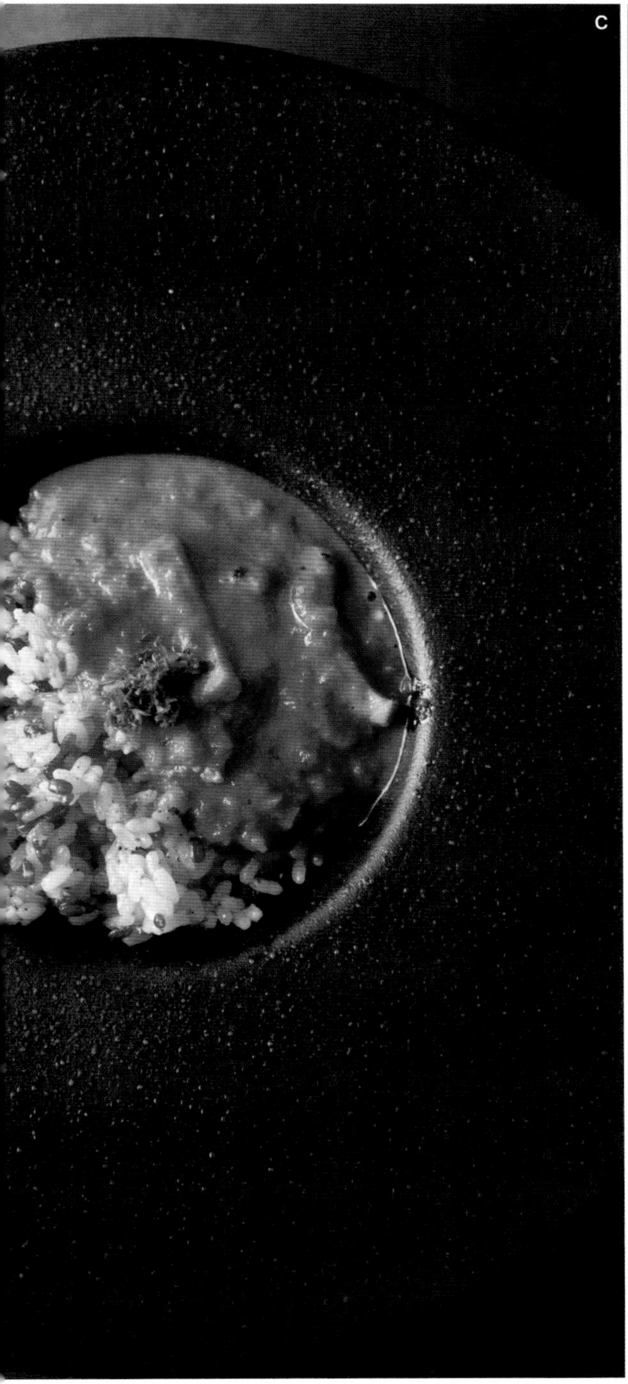

C

D

B

ボラ白子のムニエル　からすみと焦がしバターソース

以前は白子はタラのものを使っていたが、魚屋からボラの白子を案内され、めずらしいことから、その卵巣であるカラスミと合わせて使うことに。白子は粉をつけてバターを熱したフライパンとオーブンでムニエルとする。付合せは、客前に設けたプランチャでニンニクと一緒に炒めたチヂミホウレンソウのソテー。ケイパーやアンチョビー、ニンニクなどを炒めたものを焦がしバターと合わせて円柱状に冷やし固め、営業前に１人分ずつスライスする。これを白子のムニエルの上にのせ、固形状と溶けたものが同時に味わえるよう軽くバーナーであぶって提供。

C

赤米ガーリックライスとイカのセート風

南仏セートの郷土料理であるイカのトマト煮込み。サフランライスを添えるのが一般的だが、それを赤米入りのガーリックライスに置き換えた。アオリイカを、ニンニク、タカノツメ、アンチョビーなどと炒め、冷凍ストックしておいたトマトソース、ブイヤベース、アサリのだしと白ワインを加えて煮込み、最後にマヨネーズを加えて仕上げる。ガーリックライスは、炊いて冷蔵保存しておいた赤米入りのご飯を電子レンジで温め、プランチャでニンニクと炒め合わせる。

D

焼きたてマロンパイと焦がしキャラメルアイス

パイ生地は既製品の冷凍パイシートを仕入れ、これをのばして焼いて、ポーションにカット。上に自家製のクレーム・ダマンドやマロンクリームを重ねて塗り、マロングラッセをのせる。営業前の仕込みの段階でここまで用意して冷蔵庫で保管しておくことも、営業中のオペレーションにおいて重要だ。提供時はこれをオーブンで温め、業務用商品である焦がしバター塩キャラメルのアイスクリームを盛ってミントを添え、サーブする。

直球のフランス郷土料理をアラカルトで提供。
ワンオペだからこそ実現した、
圧巻のボリュームで攻める豪快ビストロ

16 EN FACE

アンファス

住所／東京都中央区日本橋人形町 2-11-9

{ 東京・人形町 }

2019年８月、東京・人形町の静かな通りに開業したビストロ。メニューは、テリーヌやパテの盛合せ、レンズ豆のサラダ、カスレなどのフランス郷土料理が中心のアラカルト約30品（800円〜3900円）。食後の甘いものが欠かせない現地そのままに、デザートにも注力する。表は全面ガラス張り、ボトルワインはお客が直接冷蔵ケースから選んでOKと気取らない雰囲気のなか、ワンオペでこそ実現する価格と質のバランス、ボリューム感たっぷりの豪快な皿で毎夜満席の人気を博している。

亀山知彦

1977年栃木県生まれ。調理師学校卒業後、都内のビストロに勤務し、渡仏。パリの複数のビストロで計５年間修業を積む。帰国後、「ル・ブール・ノワゼット」、「レ ピフエ ドディーヌ」などでシェフを務める。１年弱の豊洲市場の仲卸での勤務を経て、2019年８月に独立開業を果たす。

上写真の左奥が厨房、手前が入り口。営業中、亀山氏はこの左手のみを行き来し、右奥にあるドリンクの冷蔵ケース前にも抜けられる。３口のガスコンロと２台の台下オーブンの他、素材を直接のせて焼けるプランチャを備え、複数のフライパンを使って洗うといった手間を省く。カウンター下にはかがまずに使える引出し式の冷蔵庫を。なおカウンター端は対面にベンチを置き、最大７名の団体客に対応する。

店舗面積／10坪（うち厨房約３坪）
席数／カウンター12席　客単価／8000円

レアなスライサーで付加価値を高め、すぐに出せる生ハムを人気の一品に

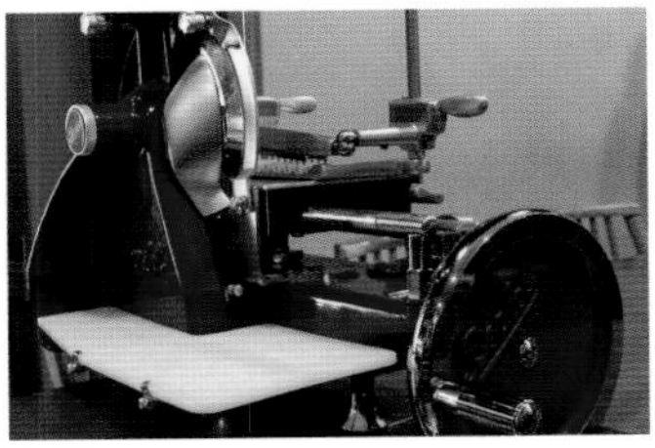

亀山氏がパリでの修業時代に出合い、感銘を受けたイタリアのベルケル社の手動スライサー。生ハムに熱を与えることなく、ごく薄くスライスでき、「独自の触感と風味を生む」。生ハムは仕込みがなく、迅速に供せる点で1皿目に最適。他店でなかなか食べられない味と「原価度外視（笑）」というボリュームで、看板メニューの一つと言える。

煮汁やリエットなどの保管には牛乳パックを使い捨て容器として活用

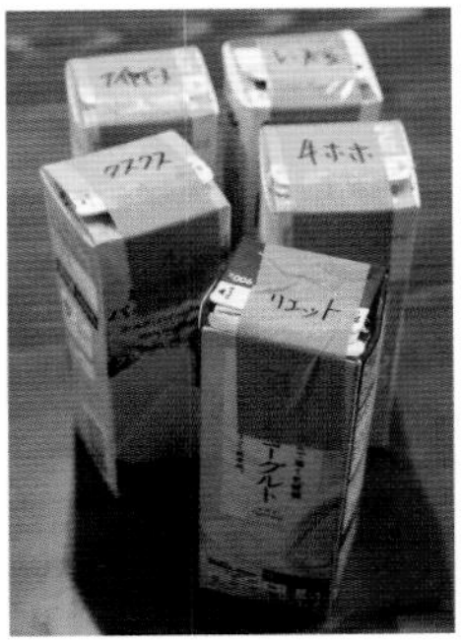

料理や食材の保管に一般的に真空パックが用いられるが、「真空にする手間と費用がもったいない」との考えから、同店では仕込んだ料理のうち、煮込みの煮汁やリエットなどは、洗った牛乳パックに入れて保管。中身を取り出したらパックをそのまま捨てられ、洗いものの手間も減る。形・大きさが統一され、冷蔵庫内の整理がしやすいのも利点だ。

パンは知人のパティシエ2人にオリジナル品を依頼

バゲットは東京・清澄白河にある「アンヴデット」、パン・ド・カンパーニュは同・東陽町の「エクラデジュール」で購入。どちらもシェフパティシエがフランス修業時代からの友人で、開店にあたりオリジナルパンを焼くことを申し出てくれた。独立前は自らパンも焼いていたが、信頼できるプロにまかせることで、その分の時間と労力を料理に注ぐ。

お客との距離の近さを生かし、1人でも盛りつけ時の“映える”演出でお客を楽しませる

流れるソースのツヤや立ち上る湯気など、盛りつけの瞬間には料理のおいしさの要素が多分に含まれる。お客の目の前、カウンターで盛ることで、お客の高揚感につながる。ワンオペでも手数を増やすことなくお客を楽しませる知恵だ。今回紹介した「タルトタタン～」もその一例。焼きたてならではの香りもあって、オーダーが連鎖することも。

荷物もしっかり積める三輪バイクを買い出し用に購入

開業時に購入した三輪バイク。東陽町・清澄白河までのパンの買い出しの他、定期的に仕入れに出かける豊洲市場や、近所でのこまごまとした買いものにも利用する。「車よりも小まわりがきき、しっかり荷物が積み込めるので1人での買い出しにぴったり」。通勤でも活躍している。

営業中に使う調理用具の数を抑え、また1皿のボリュームを増やすことで洗いものを減らす

営業中の調理に使う鍋やボウルなどの数を減らし、洗いものの量を減らす。また、1皿のボリュームが多いため、客1人が使う皿の数も抑えられる。ただし、営業中は洗いものをしないと決めており、それなりの量がたまる。それを見越してシンクは深めに設計し、蛇口は自在に動かせるホースタイプに。

定休日を週2日にし、1日は仕込みの日とする

毎日満席で仕込み量が多く、準備がギリギリだったことから、1日だった定休日を開業半年後から週2日間に増やし、そのうち1日を仕込みにあてている。営業日を減らすことで売上げも下がるが、税理士と相談のうえ、金銭的な課題もクリアできると判断。しっかり体を休める日を設け、営業の活力を養う。

亀山氏のある日のスケジュール

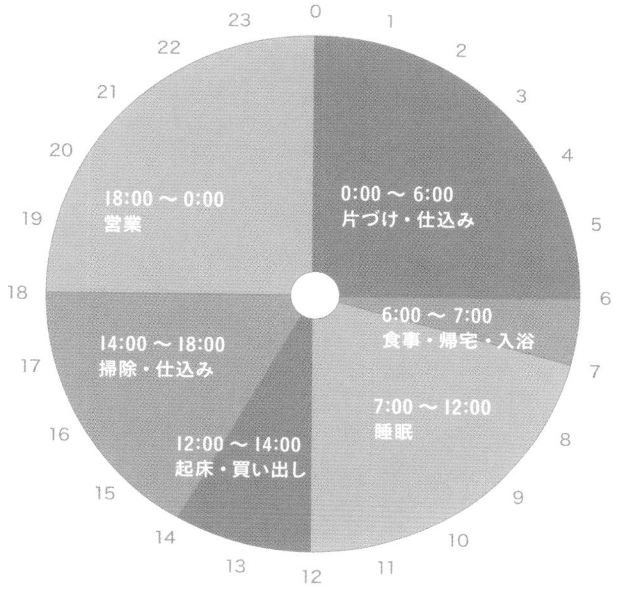

12:00 〜 14:00
起床・買い出し

12時頃に起床し、朝食は食べずに家を出る。移動は開業時に購入した三輪バイク。毎日知人の店を訪れ、営業用のパンと合わせて自分の軽食も購入。こまごまとした食材が不足していれば店の近所で買い揃え、店へ向かう。

14:00 〜 18:00
掃除・仕込み

店内を掃除し、仕込みを開始。足りないものを順次仕込むため、毎日作業内容は異なる。営業日の日中は煮込みなど火を使う仕込みを優先。ロースト用の魚は内臓の掃除など最低限の下処理を施す。休憩はほぼとらず。

18:00 〜 翌0:00
営業

同店では一つの席に対して予約は1日1名まで。遅い時間に予約が入った場合も、時間内で料理を提供できない場合のリスクを避け、前の時間の予約はとらない。なお営業中は調理と接客を優先し、洗いものはしない。

0:00 〜 6:00
片づけ・仕込み

閉店後は洗いものを済ませ、仕込みを行なう。疲れていても進められるよう、日中に仕込んだ料理を保管用の容器に移し分けるなど、火を使わず、かつ機械的な作業が中心だ。同店は1階の路面店で表がガラス張りゆえに、仕事終わりに通りがかった近隣の同業者が声をかけやすく、そのままつい話し込んでしまうことも。そのため、帰宅時間は日によって大きく異なる。週1回ほど豊洲市場に魚介の買い出しに行っており、この時は店から直接向かう。なお、それ以外の日は、魚介は配達専門の魚業者に依頼している。

6:00 〜 7:00
食事・帰宅・入浴

帰宅途中で食事をとる。よく利用するのは、朝6時から営業している立ち食いそば店。帰宅後に入浴し、就寝。

営業時間／18:00 〜0:00（L.O. 23:00）
定休日／火曜・水曜

ドリンクの冷蔵ケースに パテの容器などを入れておき、 さりげなくアピール

パテやデザートの「タルトタタン〜」のココットなどは、ドリンクと同じ冷蔵ケースの片隅に保管。お客がドリンクを選ぶ際に自然と目に留まり、気になった場合は亀山氏に尋ね、オーダーにつながるという流れだ。お客の興味を自然と引く形で、店側からすすめる時間と手間を割愛している。

ワインには業者に作ってもらった 味のチャートが書かれた札を提示

ワインのボトルには、ワイン名、生産者名、産地、ブドウ品種、味の傾向がチャート付きで書かれた札がかけてある。これは仕入れ先の業者に作ってもらったもの。同店では酒類の仕入れ業者を1軒に絞っており、「その信頼関係があるからこそ可能な外注」。ワインは5000円台を中心に自然派を多く揃えている。

ドリンクは冷蔵ケースから お客が直に選ぶスタイルに

ワインなどのドリンクは、亀山氏が調理の手を止めずに済むよう、店の奥の冷蔵ケースからお客が自ら選ぶスタイル。ボトルにはワインの情報が書かれた札（上記参照）を下げ、お客はその札の他、エチケットを頼りに選ぶケースも。グラスワインは基本的に亀山氏がお客の希望を聞いて在庫からすすめ、ロスを減らす。

主菜は提供時の手数が少ない 煮込み系と、仕込みが少ない ロースト系のバランスを考慮する

仕込みに手間がかかるが提供がスムーズな煮込み。対してロースト系の肉は仕込みは不要だが、営業中に手間を要する。メニューには両者をバランスよく載せ、仕込みと営業中にかかる負荷が偏らないように。なお、ロースト系の仕込みは魚のウロコ・内臓の処理程度で、営業では調理前の塊の素材をお客に見せるところからはじめる。

A

お客のカウンターと料理を盛る台を 共有し、待ち時間も飽きさせない

カウンターは厨房側を盛りつけスペースとしても活用。またガス台と同じ高さに設計しており、ワンオペで長くなりがちな待ち時間でもお客は目の前で行なわれる調理をよく見ることができ、調理・盛りつけのライブ感を楽しめる。料理は各お客の前で盛るようにしているが、広がる香りなどが他のお客の興味を引き、次回の注文につながることも。

調理からドリンク準備、見送りまで 自身の動線は1ラインで効率よく

入り口から奥へのびるカウンターの、向かって左が厨房。その通路はちょうど1人分の幅で作ってあり、調理、盛りつけ、提供がすべてカウンター内で完結する。また奥、手前とも右の客席側へ抜けられるため、ドリンクの説明やお客の見送りも一本の動線に収まり無駄がない。

B

シャルキュトリー盛り合わせ

(右手前から時計まわりに)「パテ・ド・グランメール」、豚の頭肉を入れたバスク風「ブーダン・ノワール」、「鶏レバームース」、「豚肉のリエット」。各単品でも供するが、この盛合せは初来店のお客の大半が頼む看板メニューで、どれも100gはゆうに超える。中央のキャロットラペはクミン、コリアンダー、オレンジジュースでマリネして、ヴィネグレットで和えたもの。味の強いパテ類の箸休めだ。いずれも仕込みに手間と時間を要するが、提供時は簡単、かつお客が食すのに時間もかかるため、その間に他の料理を作ることができる。

A

牛ホホ肉の赤ワイン煮

牛のホホ肉を香味野菜と赤ワインでマリネし、表面を香ばしく焼いた後にマリネ液で煮込む、オーセンティックな赤ワイン煮込み。ホホ肉は1皿400gほどで、2～3人でシェアしても満足できるボリュームだ。営業中は仕込んだ肉と煮汁を鍋に入れ、温めるのみで提供できるため、オペレーション上助かる品でもある。付合せのポム・ピュレは、ジャガイモをゆでて裏漉しした状態で保管し、オーダーごとにバターと生クリームで練り上げる。火口を使い手数も増えるが、仕込みをしすぎず、その場で仕上げる味とライブ感も重視する。

C

タルトタタンとフロマージュブラン

紅玉にカラメリゼしたカソナードをからめ、小さなココットに入れてオーブンでじっくり焼き、冷蔵庫で保管。オーダーが入ったら、焼成済みのパイ生地をのせて温める。取り出す際に叩きつける音と衝撃に視線が集まるメニューで、独立前からのファンも多い。添えるのはパリのビストロで定番のフロマージュ・ブラン。凝縮した酸味と甘み、ほろ苦さが一体となった熱々のタルトに、甘みのないミルク感と軽い酸味によるキレで、パティスリーのスイーツとは異なる一皿に。パリのビストロのように、デザートにもしっかり力を入れる。

実際、どこがよい？ どこが大変？

ワンオペ店に聞く、メリット＆デメリット

料理もサービスもすべて１人で行なうワンオペ営業は、
それだけのやりがいがある一方で、
当然だがチームの店にはない苦労も多い。リアルな声を集めた。

ワンオペ店

仕込みからすべて１人で作るので、料理のクオリティを維持できる

店の個性を打ち出しやすい

浮いた人件費を家賃や材料費に充てられる

「１人で大変だね」と、何かとお客さんが気遣ってくれる

スタッフが辞める心配がない。
スタッフを探す必要がない

ここがよかった

自分のペースで
仕事が進められる

自分で考えた
料理なので、
お客さんへの
説明が
しやすい

感覚やひらめきで
自在に
メニューや
レシピを
変えられる

お客さんとの
距離が近い

自由に休みがとれるため、
家族との時間が
確保しやすい

頑張って働いた分が、
すべて自分の
収入になる

スタッフに仕事をふったり指導したりする
ストレスがない

ワンオペ店

営業中に一つペースが狂うと、
挽回が難しい

予約が入れば休み返上で営業してしまうため、ついつい無理をしがち

店主の
キャラクターがないと、
人気が出づらい

体力勝負になりがちで、身体に負担がかかる

朝から晩まで
店にいるので、
流行に後れがちになる

ケガや病気など、
急なアクシデントに
対応できない

若いうちはいいが、長くは続けられないと感じる

営業中の電話対応ができない

とにかく営業後の掃除が大変。
スタッフがいれば1時間で済むところ、
自分1人だと2時間かかる

同時に対応できるのは
3組まで。ゆえに
売上げに限界を感じる

ドリンクのサーブの
タイミングが掴みづらい

ここが大変

すべて自分1人で
行なうので、
圧倒的に
時間が足りない

料理とドリンクの
提供がどうしても
遅れてしまう

いろいろはできないので、
アラカルトの数や
コースを絞らざるを得ない

料理の
クリエイションの
時間がとれない

忘れている
ことがあっても、
それを指摘して
くれる人がいない

手間のかかる料理や
凝った盛りつけがしにくい

手打ちパスタを売りにしたアラカルト約50品でスタートして開業15年目。試行錯誤を経て昼はプリフィクス、夜はおまかせ1本に

17 ―― Cielo Azzurro

シエロ アズッロ

住所／東京都足立区千住 2-65
電話／ 03-3870-0432
http://www.cielo-azzurro.com

{ 東京・北千住 }

都内屈指の一大ターミナル、北千住駅すぐ近くの"飲み屋横丁"一角に2008年５月に開業。当初は約30品の手打ちパスタを主軸に約50品のアラカルトを用意し、リピーターを増やしてきた。５年目にワンオペ営業になったのを機に、昼営業をはじめ、数年ごとにメニューを見直し。7〜８年前には思いきってアラカルトをやめ、15年目を迎える現在は、完全予約制で昼は手打ちパスタが選べるコース２本(3800円・4900円)、夜は11品構成のおまかせ１本(7500円)に。個性的な器と旬の素材で「日本の食材で表現するイタリア料理」を打ち出す。

湯本昌克

1974年茨城県生まれ。大学卒業後、会社員を経て25歳で料理の道に入る。地元のリストランテで働いた後、原田慎次氏率いる「アロマフレスカ」グループに約６年間在籍し、カウンター主体のパスタ専門店「エッセンツァ」では２年間シェフを務める。2008年５月に独立開業。

1　15年目を迎える今年1月に一部リニューアルを実施。カウンター奥の器の棚を新設し、壁を塗り替え、照明はテーブルをスポット的に照らすペンダントライトに変えた。カウンターから厨房の手元が見えないように、棚やワインボトルの空き瓶で目隠し。2　外観も一新。ヨーロッパの小さなレストランをイメージして1枚ガラスを格子窓に変え、看板も作り替えた。3　厨房は1人でいっぱいの2坪。壁側、カウンターともに上部に棚があり収納に活用。4　にぎやかな北千住駅西口からすぐのときわ通り沿いに立地。夜にはネオンが光る歓楽街の中、落ち着いた雰囲気の店舗が目に止まる。

店舗面積／5.6坪（うち厨房約2坪）

客数／カウンター8席　客単価／昼4500円、夜1万円

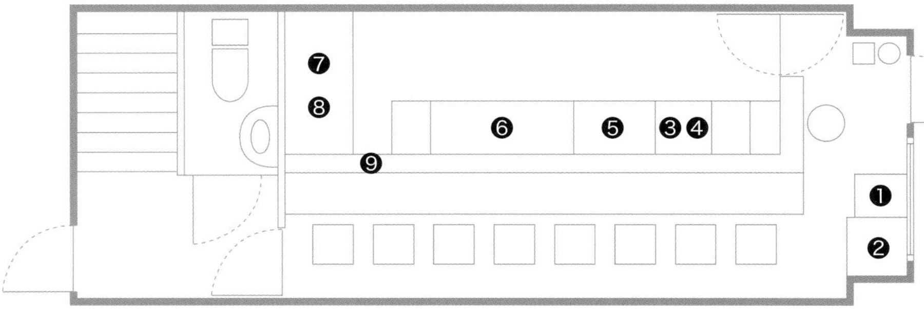

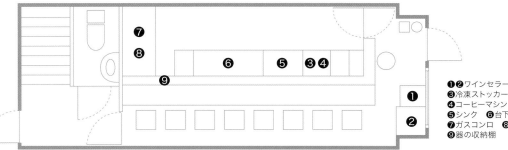

❶❷ワインセラー
❸冷凍ストッカー
❹コーヒーマシン
❺シンク　❻台下冷蔵庫
❼ガスコンロ　❽台下オーブン
❾器の収納棚

元焼酎バーの現物件を居抜きで借り受け、カウンターなどの造作は生かして改装し、厨房設備は総入れ替え。「開業当初からカウンター越しに料理を出すことは考えていなかった」ことから、接客は厨房を出て客席まで足を運ぶ。当初は入口近くに手打ちパスタを作る作業台を置いていたが、今はワインセラー2台を設置。この春、コンロ前の台下冷凍・冷蔵庫が故障してひとまわり小さな冷蔵庫に。あいた場所は「ニトリ」で見つけた作業台をおさめた。

予約帳は、数日ごとのスマホ撮影を習慣化

予約はマス目が大きめの年間スケジュール帳で管理。夜営業のみ3業者と契約しているネット予約分も書き込み、顧客に出した料理や苦手な食材などのメモも記録し、注意点など蛍光ペンでマーカーづけ。紛失したら一大事だが、数年前に予約帳を入れた鞄ごと盗まれた経験から、数日ごとにスマートフォンで撮影することを習慣化している。

足立市場の他、近くの駅ビルやコンビニを仕入れ先に

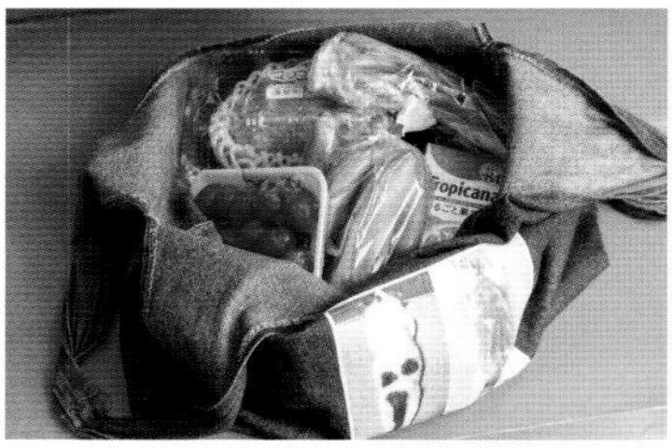

自転車での出勤途中にある足立市場は、都内で唯一の水産物専門の中央卸売市場。市場が休みの水曜以外は立ち寄り、新鮮な魚介と主な野菜を仕入れ、不足分の野菜はアイドルタイムに徒歩数分の駅ビル地下やスーパーで調達。氷は毎日コンビニで購入する。「コンビニの氷は高いけど、時間節約のために近所で買えることを優先しています」。猫好きの常連客がプレゼントしてくれたエコバックを愛用。

昼は2組、夜は3組に限定し、客数は無理に増やさない

メニューをコースのみにした現在、昼は2組5人まで、夜は3組6人までが、リピートにつながる満足度の高い料理とサービスを提供できる限界の人数と判断し、それ以上の組数は予約を受けない。1人だからこそ「絶対に無理をしない」ことを基本に、定休日の日曜はきちんと休んで鋭気を養う。

できるだけ予約時間を合わせ、料理の提供をスムーズに

「コース主軸にした今、スムーズな料理の提供のためには全員の同時進行が理想。昼も夜も2組目以降は、1組目の予約時間に合わせてもらうようにお願いします」。同じ時間が難しい場合は昼は11時半と13時に1組ずつを受けたり、多皿構成の夜は進行具合で時間調整がきく30分差にできないかなど相談。無理な場合は「お待たせするけど、それでもよいか」と伝えるなど、臨機応変に対応している。

“大きな仕込み”のために臨機応変に休みをとる

パスタ用の煮込みソースは20～30皿分まとめて作り、1皿分を小分けにして冷凍。デザートなども含め、これらの仕込みストックは、ワンオペでのスムーズな料理の提供に欠かせない。1組でも予約が入る営業前は余裕がないため、予約が入らない時を狙って休みをとり、「大きな仕込み」のための時間を確保するようにしている。

パスタの生地は3種類を冷蔵保存し、注文ごとに成形

昼は約15品のプリフィクス、夜はパスタ2品のうち必ず1品は用意する手打ちパスタは、3種類の生地（卵なしの白い生地、卵入りの柔らかい生地、卵白多めの硬めの生地）から展開。ほぼ毎日、翌日の予約に合わせて各生地とも粉200～300gから仕込んで冷蔵している。

ワンオペを10年以上続けて試行錯誤し、今は昼２本、夜はおまかせ１本に

「前菜からデザートまで、すべてを自分の手で作りたい」と１人営業を続けてきた湯本氏。メニューはお客のニーズと自身ができること、やりたいことをすり合わせ、迷いながら試行錯誤を重ねてきた。開業当初は弟が接客を手伝い、手打ちパスタ約30品を含めたアラカルト約50品を用意。５年目に１人営業になったのを機に、昼営業で挑戦したかったコースを開始。２年後には夜もコースをはじめ、数年後にはアラカルトを完全にやめた。皿数が異なる複数のコースも徐々に絞り、2022年１月に夜はおまかせ１本、６月から昼のコースは２本となった。

アラカルト時代の人気メニューを昼・夜のコースに組み込む

現メニューは昼・夜ともにコースのみだが、アラカルト時代の蓄積を生かした構成。長く通う顧客から定番の味として親しまれている「バーニャカウダ」と「鶏白レバーのパテ」は、それぞれ季節の野菜やフルーツでアレンジしながら量や形を変えて、昼・夜ともに前菜の一品に。手打ちパスタもアラカルト時代に人気だったメニューを残している。アユなど旬の素材が主役の定番人気メニューも多いので、顧客の期待に応えてコースに組み込んでいる。

ボリューム感を意識しながらお客の要望にも柔軟に対応

夜は前菜６種５皿、パスタ２品、メインの肉料理、ドルチェ２品、カフェのおまかせコース１本(7500円)。「記憶に残るインパクトをもたせたい」と、ボリューム感も売りの一つとする一方で、夜のコースではパスタ(－300円)、メイン(－400円)、デザート(－200円)の３品を減らせるようにし、量を負担に感じるお客への配慮も。メインはパック詰めして持ち帰り可能のため、コスパのよさからオーダーするお客がほとんど。「必ず満足して帰ってほしい」という思いがリピートにつながっている。

昼は「前菜６種の盛合せ」でオペレーションをスムーズに

昼は「前菜６種の盛合せ」とオーダーが入ってから成形する手打ちパスタ、ドルチェ、カフェで構成する3800円、さらにメインの肉料理を追加した4900円の２本のコースを用意。パスタは約15品から、ドルチェは約５品から選ぶ。１品目の前菜は、６品をボリュームたっぷりに一皿に盛り合わせ、ゆっくりと時間をかけて味わってもらう。その間に、パスタの準備をスムーズに進める段取りだ。

手打ちパスタの見本を見せて口頭での説明を簡略化

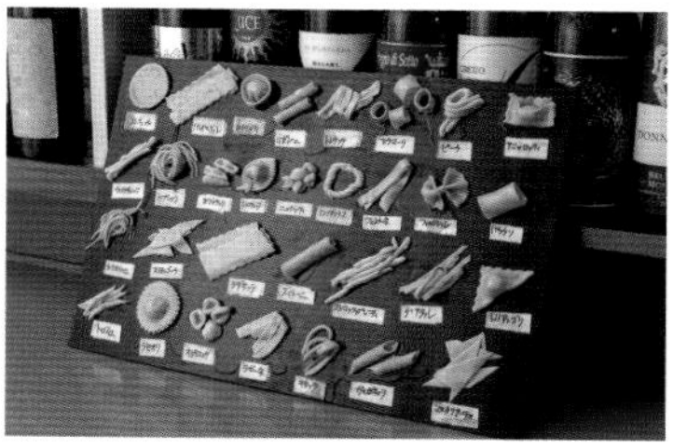

開業当初から「打ちたての手打ちパスタ」を売りにし、リピーターを増やしてきた同店。説明を簡略化する手打ちパスタの見本を貼り付けたボードは修繕しながら６代目に。昼のコースで選べる約15品は、定番に加えて旬の素材に合わせたソースを用意し、相性のいいパスタを組み合わせて構成。２人１組は２種、３人１組では３種を選んでのシェアをすすめ、１人分ずつ取り分けて提供する。ワンオペを感じさせないサービスは好評で、地元の女性客のリピーターが多い。

夜はパスタを出しきるまでは調理に集中。会話は余裕ができてから

夜のコースはデザートまでの11品を、２組では２時間、３組では２時間半で提供し終えることをめざす。「とにかくパスタを出し終えるまでは集中したい」ことから、お客の食べるスピードやドリンクの追加に目を配りつつも、パスタの提供が終わるまではこちらから会話は投げかけないのが基本だ。

夜の多皿コースでは 個性的な器使いで変化を出す

昔から器好きだったことから、開業10周年を記念してあこがれていた有田焼のカマチ陶舗に４種の大皿をオーダー。加えて、コロナ禍ではじめたInstagramをきっかけに作家の器に目が向くように。作家の個展に行ったり、ネット通販で購入するなどして個性的な器が増え、多皿コースに挑戦する原動力になった。料理の創作意欲も増し、悩みながら続けてきた１人営業で「ようやくやりたいことができるようになりました」

生ビールの提供をやめ、 日・伊の瓶ビールのみに

開業当初は湯本氏自身の好みから「ビールは絶対に生！」と一番小さな樽を仕入れて提供していたが、想像以上に手間がかかり、ロスも出ることから２～３年で断念。瓶ビールに切り替え、日本とイタリアのブランド各４種をメニューに載せて１年間の出数を調べた後、３種に絞った。以来、冷えたジョッキに「プレミアムモルツ」は注いで、「ナストロ アズーロ」、「モレッティ」はジョッキに瓶を添えて提供している。

グラスワインはたっぷり注ぐ

ワインはイタリア産のみで、50種超のボトルとグラス５種（スプマンテ１種と赤・白各２種）を用意。「保管場所もなく、味が落ちるのも嫌なので」グラスでも抜栓後はスプマンテは１日、ワインは２日を飲みきることとし、ボトル１本でほぼ４杯どりと多めに注ぐ。「価格を気にせずにゆっくり楽しんでほしい」と価格は１杯900 ～ 1200円と低めに設定。

テーブルウォーターは 入店と同時にジョッキで出す

お客が着席し、ドリンクのオーダーを受けたら、すぐに氷水をなみなみと注いだ350mℓのジョッキをテーブルに置く。「途中で“お水をください”と言われると、どうしても調理の作業が中断してしまうので」。初めてのお客には「ジョッキ？」と驚かれるが、緊張をほぐす意味でも一役買っている。

湯本氏のある日のスケジュール

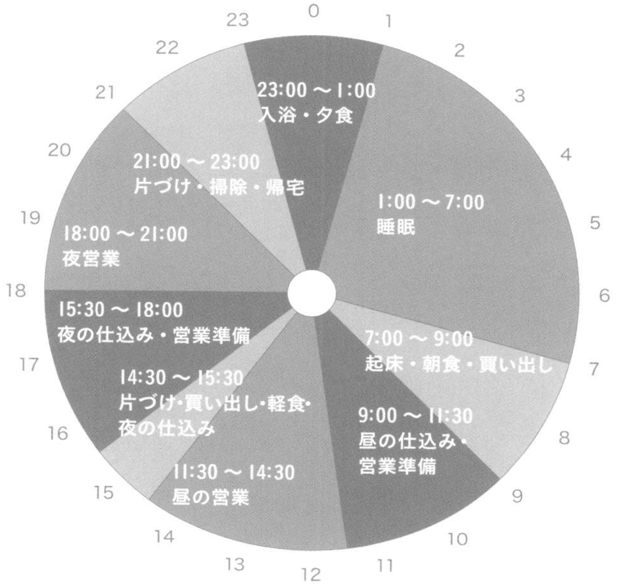

7:00 〜 9:00
起床・朝食・買い出し

起床後、軽い朝食をとり、身支度をしながら10分ほどで当日の買いものとメニューを決めてメモ。8時〜8時半には家を出る。自宅から店までは自転車で約15分。途中にある足立市場に寄ってメモを見ながら魚介と野菜を仕入れる。思いがけない旬の食材を見つけ、メニューを一部変更することも。

9:00 〜 11:30
昼の仕込み・営業準備

すぐにランチの仕込みを開始。自家製パンが予約時間に合わせて焼き上がるように、粉から生地を練り、発酵。開店直前に予約人数分の前菜6種の盛合せの準備し、パンを焼く。客席の掃除、セッティング。

11:30 〜 14:30
昼の営業

ランチは2組5人まで。滞在2時間を目安に進行し、遅くとも14時半には閉店。予約が13時の場合は15時に閉店する日も。

14:30 〜 15:30
片づけ・買い出し・軽食・夜の仕込み

昼営業後は急いで洗いものを済ませて買い出しへ。近所の駅ビル地下やスーパーで不足分の野菜、コンビニで氷を購入。備品の買いものや銀行に寄る日も。15時半までに戻るのを目標に、時間があればソバや牛丼などファストフード店で10分間ほど食事。間に合わなければコンビニでおにぎりを購入。

15:30 〜 18:00
夜の仕込み・営業準備

16時半までは集中してディナーの仕込み。5皿構成の前菜6品をスムーズに出せる段取りを組む。16時半には昼同様、パンの生地を練り、発酵。17時までに客席の掃除とセッティングを終わらせ、余裕があれば10分間ほど横になる。17時〜18時はバーニャカウダの野菜を切るなどの直前の仕込みを行ない、予約時間に合わせてパンを焼く。

18:00 〜 21:00
夜営業

夜は3組6人まで。2組では約2時間、3組では2時間半〜3時間弱でデザートまでが終わるように進行する。閉店は予約時間によるが、18時予約で21時が目安。基本は20時まで予約を受けるが、翌日の昼の予約状況によっては仕込みが間に合わないため遅めの時間は断ることもある。

21:00 〜 23:00
片づけ・掃除・帰宅

閉店後は、ワインを飲んでリラックスしながら1時間で洗いものを終わらせる。23時退店を目標に片づけ、軽く掃除を済ませ、冷蔵庫をチェック。レジ締めは3日分をまとめて行なう。常連客や近所の同業者から飲みに誘われることが多く、付き合う日も。

23:00 〜 翌1:00
入浴・夕食

帰宅後は、シャワーを浴びて妻が作ってくれた夕食をとる。テレビを観るなどしてくつろいで、翌1時頃に就寝。実際はもっと遅くなる日が多いが、体力・気力を保つため最低でも睡眠5時間はとるように努めている。

営業時間／11:30 〜13:00（予約のみ）、18:00 〜20:00（L.O. 予約のみ）
定休日／日曜、他不定休

A

前菜６種の盛合せ

昼のコースの１品目は、旬の素材を使った野菜、魚介、肉の冷・温菜６種の盛合せ。今回は「バーニャカウダ」、鹿児島県産マンゴーとパッションフルーツ、砕いたサクサクのサブレを添えた「鶏の白レバーのパテ」、愛媛県産ハモと福岡県産大長ナスのマリネにトマト、オクラ、キュウリ入りの甘酸っぱいソースとジュンサイを合わせた「ハモのケッカソース」、熱々のフリットにハモンセラーノを添えた「ヤングコーンのセモリナフリット」、アユのコンフィをパートフィロで包んで揚げ、グレープフルーツのドレッシングで和えた新タマネギとガルムで風味づけしたモロヘイヤを添えた「鮎のパートフィロ包み焼き」、６種の山菜入りの美桜鶏のソーセージをグリルし、土佐甘長トウガラシの網焼き、沖縄産カボチャのピュレを添えた「美桜鶏の山菜サルシッチャ」。ボリュームも彩りも豊かに。

B

スズキのポワレ
トウモロコシのスープ　山椒風味

夜のコースの前菜６品の最後を締めくくる旬の魚介の一皿は、メインの魚料理を思わせる存在感に。スズキのポワレに、甘さとジューシー感が際立つ２種のトウモロコシをそれぞれスープと香ばしいグリルで合わせ、実山椒の赤ワインソースを流す。パッションフルーツのソースとパルミジャーノのチップスをアクセントに。二階堂明弘氏作の深みのある器の縁にタレッジオを塗り、好みでつけてもらう。

A

B

C

D

E

C

**鮎と夏野菜のジェノヴェーゼ
カヴァテッリ　ペコリーノ**

夜のコースで提供するパスタ2品は季節の食材に合わせて相性のよいパスタを選ぶため、手打ち2品の日もあれば、手打ち1品＋リゾットや乾麺を組み合わせることも。パスタ生地は成形直前の伸ばすところまで準備し、前菜6品目を提供後に成形して数分でゆで上げる。この日は、魚介と相性がいい南イタリアの手打ちパスタ「カヴァテッリ」とアユの組合せ。アユのコンフィにゆでたてのカヴァテッリと別ゆでしたソラマメ、モロヘイヤ、アスパラガス、ゴーヤ、シシトウを合わせ、ジェノヴェーゼソースで和え、ペコリーノを削りかける。

D

3種のグリルミスト

岩中豚のローストと美桜鶏の腿肉、フランス産鴨胸肉の3種をKeicondo氏の力強いニュアンスの器に盛り合わせ、グリル野菜と葉野菜のサラダ、バルサミコ酢のドレッシングとバルサミコクリーム、マスタードソースを添える。「前菜とパスタで満腹に近い状態なので、複雑な肉料理では胃が疲れてしまう。イタリア料理らしさも打ち出せる」と夜のメインはシンプルな肉のグリルを定番化。アラカルト時代に人気が集中していた3種の盛合せとし、エゾシカや仔羊などを選ぶ日も。予約時に「牛肉を単品で」と要望があれば、追加料金で対応している。

E

**パイナップルのカッサータ
ジンジャーエールのジュレ、
パイナップルのかき氷**

パイナップルのコンポートに泡立てた生クリームとリコッタを合わせて冷やし固めたカッサータに、ジンジャーエール風味のジュレとパイナップルのかき氷を重ね、パイナップルのジャムを添える。「アロマフレスカ」修業時代にナッツやドライフルーツ入りの伝統レシピで作っていたカッサータを、旬のフルーツでアレンジして定番デザートに。「満腹でも食べられる」と好評で、キンカン、マンゴー、アメリカンチェリー、シャインマスカットなど期間限定の味を楽しみにする顧客も多い。なお夜のデザート2品目はチョコレートなど濃厚な味で、食後酒に変更も可能。皿は千住にアトリエを構える瀬川辰馬氏の作。

看板は、フランスで学んだ骨太な肉料理。
仕込みが肝のパテやコンフィ、パイ包みを柱に
存分に手間をかけたクラシックを追求する

18 restaurant unique

レストランユニック

住所／東京都目黒区目黒 3-12-3 松田ビル 1 階
電話／ 03-6451-0570
https://restaurant-unique.jimdofree.com

{ 東京・目黒 }

2013年に東京・目黒で開業したフランス料理店。看板メニューとして通年提供する「月の輪熊とフォアグラ、鳩の胸肉のパイ包み焼　サルミソース」など、アラカルト20品強（880円～7700円）と、8800円のおまかせコース（６品）を提供。「本場の肉料理を学びたい」と渡仏して現地修業したほど思い入れのある肉料理を軸に、骨太なフランス料理を追求する。肉料理には、シャルキュトリーや煮込み、コンフィなど仕込みの段階でほぼ完成する品も多い。すべてを自ら手がけるからこその精度で差別化を図る。

中井雅明

1978年埼玉県生まれ。調理師学校卒業後、「セラヴィ」、「ラマージュ」などで修業し、2006年に渡仏。パリのビストロ２店で経験を積んだ後、当時二ツ星だった「エレーヌ・ダローズ」にて魚部門、肉部門のシェフを務める。09年に帰国し、東京・目黒にあった「キャス・クルート」のシェフを務め、13年に独立。17年よりワンオペに。

1 入り口付近から見た店内。2 カウンター越しの厨房。中央の収納兼作業台、吊り棚ともに開業後に増設。3 目黒通り沿いのビルの中2階。中井氏曰く「名もない自分が借りられる物件を探すのに苦労した」。4 熱源はオーブン付きガスコンロ、プラック、ローレンジ、炭火の焼き台、サラマンドル、電子レンジ、IHコンロ、他にスチコンを備える。

店舗面積／約15坪（うち厨房約４坪）
席数／カウンター３席、テーブル18席　客単価／１万円

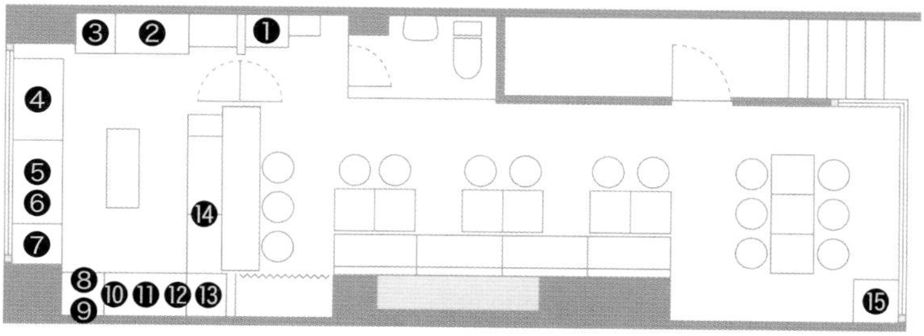

❶⓯ワインセラー
❷❼シンク
❸食洗器
❹四面冷凍・冷蔵庫
❺⓮コールドテーブル
❻スチコン
❽炭火の焼き台
❾ローレンジ
❿プラック
⓫ガスコンロ
⓬台下オーブン
⓭サラマンドル

店内に入って左側の窓際に６席。あとは、正面の壁に沿って厨房がある店の奥に向けて１ライン状に客席が並ぶ。仕込みや営業中の盛りつけは主にカウンター前のコールドテーブルで行なう。営業中に使うものはその冷蔵庫に、それ以外のものは奥の冷蔵庫で保管。満席21席となるが、「予約時間をずらせばワンオペでも可能」と中井氏。

予約時に料理は コースかアラカルト、 どちらかに決めてもらう

以前は来店後に聞いていたコース・アラカルトの選択。コロナ禍を機に予約時に決めてもらう形とした。コースではジビエについて聞かれることが多く、種類の確認や、逆にジビエが苦手で他の食材を相談されることも。お客の好みを事前に具体的に把握でき、「よかった」という。なお予約をとる際は、同一時間の入店は3組以上にならないように調整。

スマートウォッチで SNSやメールによる 予約や業者からの連絡を一括管理

同店の予約方法は、SNSのメッセージやメール、予約サイトなど複数のルートがある。営業中は携帯電話を確認できないため、以前予約のメールの通知に気づかずお客が来店してしまったことが。その際は席に通せたが、同様のリスクを避けるため、スマートウォッチを購入。通知がわかりやすく確認もれがなくなった。業者とのやり取りもメールやSNSのメッセージが多く、これらも一括管理。

自分の定位置から一直線に 見えるように客席を配置

厨房設計時から、自身の定位置となる火口前と盛りつけスペースは客席を見渡せる場所にすると決めていた中井氏。細長い間取りを生かし、客席は壁際に一直線に並べ、延長線上に熱源を集約した。調理中に各テーブルの進行具合が一目でわかるため提供のタイミングを調整でき、ドリンク他、気づいたことにも即対応できる。

最小限の設備からスタートし、 徐々に収納スペースや機器を拡充

「やってみないとわからない」と最小限の設備でスタート。結果、開業から1年以内で厨房中央の吊り棚など各種収納を追加し、炭火の焼き台や真空包装機を購入した。とくに収納は器が増えたこともあり大幅に増設。真空包装機は主にピュレや豚肉のコンフィの調理・保存に使うが、真空調理はあまりしない。ウォーターバスも買ったが真空包装を手間に感じ、即手放した。

素材やパーツを入れた容器の他、 ソースを入れた鍋にも名前を記す

営業中に素早く確実に中身がわかるよう保存容器の蓋には内容をペンで記入。ソースは小鍋で保管しており、こちらも間違えないよう持ち手にソース名を記す。毎日営業後、ソースを鍋のままスチコンで加熱して火を入れ、別鍋に移し新たにソース名を書いて冷蔵庫で保管する。

台下オーブンなどは使わず、 営業中は素材を目視できる 状態で調理

営業中は台下オーブンは使わず、使ってもスチコンのみ。基本、調理はすべて目視できる状態とし、かがむ動作も最小限に抑えて厨房内での動きをスムーズに。また、作りもれが起きないよう、主菜に使う肉は、オーダー後にすみやかに冷蔵庫から出して火口の上の棚に並べ、常に視界に入る状態にして常温にもどす。

よく出るパイの成形や ソースの温めは、 1人分は営業直前に行なっておく

パイ包み焼きは大抵1～2個は出るため、営業直前に組み、焼くだけの状態で冷蔵保管。営業中もオーダーがあれば包むが、多少手がかかるため提供数は絞り、品切れの案内をする際に興味を示したお客には予約を促す。またよく出るソースも1人分ずつ小鍋に入れて一度沸かし、ブラックのそばでスタンバイ。同時に2人分以上のオーダーが入れば、その鍋にソースを足す。

プロテインを飲んで スタミナチャージ

営業に向けて仕込みの合間に昼食をとるが、営業中に空腹でスタミナ切れになりそうな時も。余裕のある日は買っておいたパンなどを食べることもあるが、予約でいっぱいの日はその暇はない。即座に摂取できるプロテインを厨房に常備し、営業中のスタミナ切れを防ぐ。

付合せは1用途ではなく、 多用途に使えるような状態に仕込む

付合せは根菜、イモ、葉菜など、味わいや触感に変化がつくものを4～5種とピュレ1種に絞り、最小限のスペースで保管。火入れに時間のかかる根菜は営業中に火口を占拠しないよう下加熱しておくが、基本的にア・ラ・ミニッツで料理に合わせて調理法や組合せを変える。ブイヨンで炊いたレンズマメは一品料理のポタージュにすることも。

仕込みのカレンダーを作る

婚礼宴会のある職場での経験から、提供日より逆算して仕込みの予定を組む習慣がついたという中井氏。紙に簡単なカレンダーを書き、市場の休日や納品可能日と店の在庫を確認しながら仕込み日を決める。先々の予定が決まっている場合、そこに向けて通常より仕込みの量を増やす。たとえばクリスマスは、10月頃から仕込みの量を増やしていき、同時に業者と納品のスケジュールなども早めに相談する。

お客と話してメニュー提案をし、 料理内容に合わせて付合せを調整

アラカルトのお客には、最初に前菜、主菜とも食べたい料理を決めるよう促し、中井氏は一旦テーブルを離れ、別の作業を進める。その後お客の希望や疑問を聞きながらメニューを絞り、人数に合わせてポーションを増やす、取り分けなどの提供方法を提案。オーダーが決まったらソースや付合せに重複のないよう調整する。

オーダー後も作業の合間を 見つけてお客と話す機会を作る

作業が立て込むと、オーダー時や料理提供時にあまりお客と会話する時間がないことも。その場合、中井氏はあとで必ずお客のテーブルに行き会話の機会を作る。お客と自分の共通の経験や興味を探って距離を縮め、同時に思ったことははっきりと話し、自身の考えやキャラクターを伝えることで店を理解してもらえるよう努める。

ワインはお客自身に注いでもらう

ワイン好きの常連客はとくに、ボトルで注文する人が大半。各々に好みのペースがあり、自分や同席者同士で注ぐことも楽しみの一つとするお客も多いため、中井氏はあえて進んでサーブせずお客にまかせる。時折手が空いた時などに注ぐと、氏の姿勢をよく知っている常連客からは「心配されることも(笑)」と中井氏。

営業中に出す可能性の高いワインは、厨房近くのセラーに

ワインは白よりも赤のほうが多く出る同店。中でもオーダー頻度の高い価格帯や銘柄の赤は、厨房入り口近くのセラーに保管する。厨房と客席を結ぶ動線上に置くことで、注文から提供、調理に戻るまでの動きを円滑に。注文頻度の低い白は厨房奥の冷蔵庫に、頻繁には出ない高価格のワインは窓際、客席隅のセラーにねかせてストックする。

切って盛るだけで済むパテを前菜として数種類ラインアップ

冷前菜も肉料理を核とし、中でもパテ系は複数用意。メニューに載る以外にもその時の気分で作り、コースで苦手な素材のある客や、頻繁に来店する常連客に案内する。写真は左から「パテ・ド・カンパーニュ」、「フォアグラと燻製をかけた安納芋のテリーヌ」、「豚の頭のテリーヌ」、「フォアグラと山ウズラのパテアンクルート」。

煮込みやコンフィなど、営業中に繊細な火入れが不要な品もメニューに採用

主菜は火入れの正確性が問われるローストと、煮込み、コンフィなどすでに加熱の大半が済んでいて営業時の手間も少なく味わいのブレないメニューを組み合わせ、並行調理を図る。また定番のパイ包み焼きは、火口を使わず、営業前に組んだ分は必要なタイミングでスチコンに入れ、焼成中に他の料理に手をかけられるので便利。

自家製パンとリエットを提供し、1杯目のつまみとする

自家製ライ麦パンとともに提供する豚肉のリエットは、定番メニューである「沖縄県産アグー豚、皮付きバラ肉のコンフィ」を成形した際に出る端肉などで仕込む。素材を無駄なく使うとともに、最初の一品としてスピーディーに提供できる品。お客がリエットと1杯目の酒を楽しんでいる間に、前菜などの調理を進める。

厨房と客席の片づけ・掃除は営業後にすべて済ませる

営業後は厨房と、お客の使ったテーブルやカウンター、椅子の座面の掃除をすべて済ませ、翌日フロアの床掃除をスムーズにできるよう椅子をテーブルの上に逆さにのせる。その日の仕事を翌日に持ち越さないことで日々のリズムを作るとともに、日中はしっかりと仕込みに集中できる環境をととのえる。

下げたスプーン＆フォーク、ナイフ＆レストは分けておく

下げたカトラリー類は種類ごとに水を張ったポットに分けて入れておき、営業後、食洗機に入れる際も種類ごとにまとめてカゴに入れて洗う。その後のふき上げがスムーズになり、営業中に数が足りなくて急ぎ洗う時も必要な分を見つけやすい。木製の柄は水に浸けておくと変質するため、水に浸からないよう配慮。

中井氏のある日のスケジュール

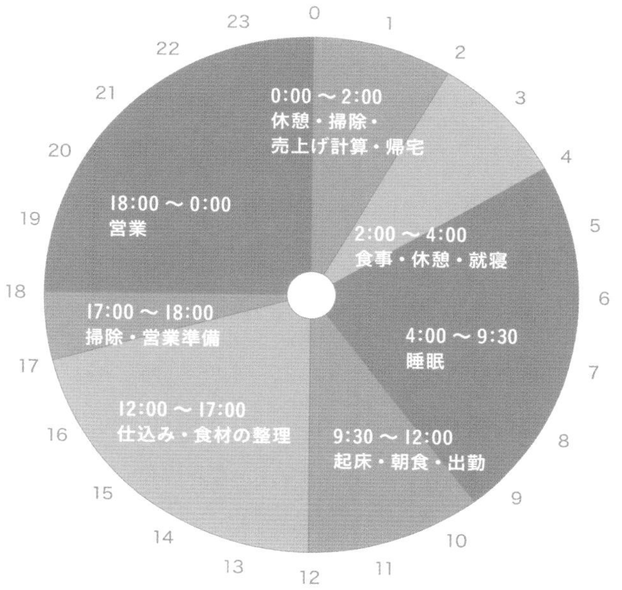

9:30 〜 12:00
起床・朝食・出勤

朝食をとりつつテレビやスマホでニュースを確認し、お客との会話のネタを集める他、コロナ関連の最新情報も調べる。店までは徒歩約10分。商店街の八百屋などに立ち寄り、買いものついでに会話を楽しむ。

12:00 〜 17:00
仕込み・食材の整理

普段は昼すぎだが、フォンをとる日は10時半〜11時頃に店に入る。フォンの鍋を火にかけ、並行して他の仕込みをする。仕込みの予定は組んであり、その日の割り当て分と当日の営業準備を行なう。野菜や肉など食材が届けば、整理する。時間指定は基本はしないが、ワインは夕方に依頼。仕込みがひと段落したところで休憩し、昼食をとる。自分で作る時もあれば、近隣に食べに行ったり、商店街の精肉店のカレーなどを買うことも。

17:00 〜 18:00
掃除・営業準備

フロアに掃除機をかけ、カトラリーなどのセットを済ませる。営業直前にパイを包む、ソースを温めるなどして営業に備える。

18:00 〜翌0:00
営業

営業中は調理や料理・ドリンク提供に加え、お客との会話も重視。なお営業中に下げた皿は、大きな二槽シンクにため、営業後に食洗機で洗う。シンクは当初小さくてよいと考えたが、業者の「皆、大きくしておけばよかったと話す」という助言に従った。

0:00 〜 2:00
休憩・掃除・売上げ計算・帰宅

0時頃に最後のお客を見送り、看板をしまう。座って一杯ワインを飲み、ひと息つく。疲れがたまっている日は仮眠をとってからテーブルと椅子をふき、ゴミを出し、食器類を洗う。厨房を掃除し、冷蔵庫の整理。在庫の確認もし、翌日の仕込みをチェックする。同時に、ピュレをスチコンで真空調理するなど、“ながら”作業でできる仕込みを実施。最後にその日の売上げをまとめる。

2:00 〜 4:00
食事・休憩・就寝

2〜3時に帰宅。食事をとりつつ酒を飲む。入浴し、録画したドキュメンタリーやニュースなどを早送りで見る。気になったものは後日見直す。４時頃に就寝。

営業時間／18:00 〜0:00（22:30L.O.。日曜は〜22:30、21:30L.O.）
定休日／月曜

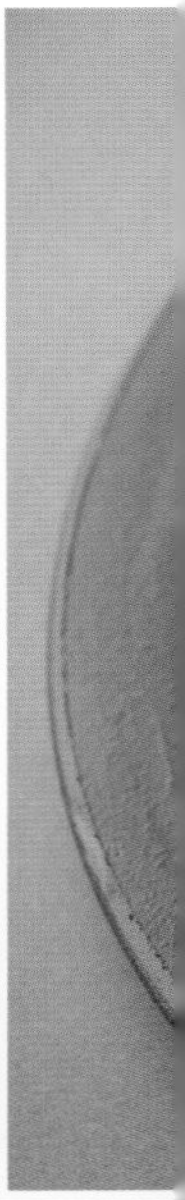

A

ブーダンノワールを詰めた
鶏手羽先のフリット

「ブーダン・ノワールをおいしく食べる料理」を作ろうと考案した温前菜。血のコクとスパイス感が個性的なブーダン・ノワールを、ゼラチン質が多く「誰もがおいしいと好む」鶏の手羽先の唐揚げと組み合わせることで、食べやすくかつアクセントのきいた品とする。仕上げにピマン・デスペレットをふり、香りと刺激を添えた。なお揚げものは、「立て込むと調理中に鍋を引っかけて火傷する恐れなどもある」ため中井氏は多用しない。

B

月の輪熊とフォアグラ、
鳩の胸肉のパイ包み焼
サルミソース

２人分で供する、同店の看板メニュー。ツキノワグマ、ハトの肉でフォワグラを包み、さらにハトの内臓入りのファルスで覆い、パイで包んでスチコンで焼き上げる。時季や仕入れ状況によりハトを使わないこともあるが、ツキノワグマはシンプルに「おいしい」という理由から、通年で使用。ソースは焼いた野鳥の骨、フォン・ド・ヴォー、赤ワイン、コニャックでベースを作っておき、提供時に血でつなぐ。なめらかで濃厚なニンジンのピュレを添えた。

C

**沖縄県産アグー豚、
皮付きバラ肉のコンフィ**

コンフィにしておいた豚のバラ肉を、提供時に皮目をバリッと強く焼き、皮下のゼラチン質のねっとりした触感とのコントラストや旨みを楽しませる。皮付きであれば、フランス産キントア種などを使うことも。塩とスパイス、ニンニクでマリネしたバラ肉を真空パックにして1日おき、袋ごと90～100℃のスチコンで4～5時間火を入れ、途中溶け出てくる自身の脂でコンフィにする。付合せはジロールなどフランス産キノコのソテーとジャガイモのフリット。

D

**カリフラワーのムース、
ズワイガニ、ウニ、
コンソメジュレ、
クレームドオマール**

肉料理が主体の同店において、魚介の皿として唯一定番である同品。いずれのパーツも営業中の調理はなく、盛り込むだけで提供でき、おまかせコースの1品目とすることも多い。カリフラワーのムースはカリフラワーのピュレを布で漉してから生クリームで触感を軽く仕上げたもの。それを覆うようにズワイガニの身と甘みのあるウニをたっぷりのせ、コンソメジュレをかける。周囲に流すクレーム・ド・オマールも煮詰めたオマールのジュがベースで、凝縮した旨みが特徴の皿だ。

開業9年で、1人営業に移行。
昼は1日100杯を売り上げる麺専門店、
夜は食材を生かしたコース１本のスタイルに

19 FUXUE

虎穴（フーシュエ）

住所／東京都中央区東日本橋 3-5-16 仙石ビル１階
電話／03-6661-9811

{ 東京・東日本橋 }

東京・東日本橋で2009年に開業。さまざまな営業スタイルを経た現在は、昼は麺専門店として「担々麺」、「汁なし担々麺」、「麻辣麺」の３種（900円〜1000円）を食券制で提供。接客スタッフ２名を配置し、近隣の会社員を中心に1日平均100杯を売り上げる盛況ぶりだ。一方、夜はワンオペで、中国料理をベースに和えそばで締める9000円のおまかせコース（７品）１本を提供。毎朝豊洲市場で仕入れる食材を生かし、旬の魚を中心とした創作性の高い料理で構成している。

小松 仁

1975年東京都生まれ。調理師学校卒業後、神奈川・横浜の中華街にあった「陽華楼」で３年間働き、都内の中国料理店で広東料理を中心に修業を重ねる。東京・銀座などに展開する「過門香」に勤め、同・荻窪にあった系列店「石庫門」の料理長に。2009年に独立開業。

1・4 都営地下鉄・馬喰横山駅から徒歩2分。モダンで落ちついた空間が広がる店内。2 リニューアル時に事務所だったスペースをワイン庫に改装。客席にもワインセラー2台を擁し、計1400本を備える。3 トイレに向かう長い廊下。客席との空間を仕切る。5 店の半分近くを占める厨房は余裕のある造りで、動線もしっかりと確保されている。

店舗面積／24坪（うち厨房約10坪）
席数／カウンター10席、テーブル８席
客単価／昼1000円、夜1万3000円

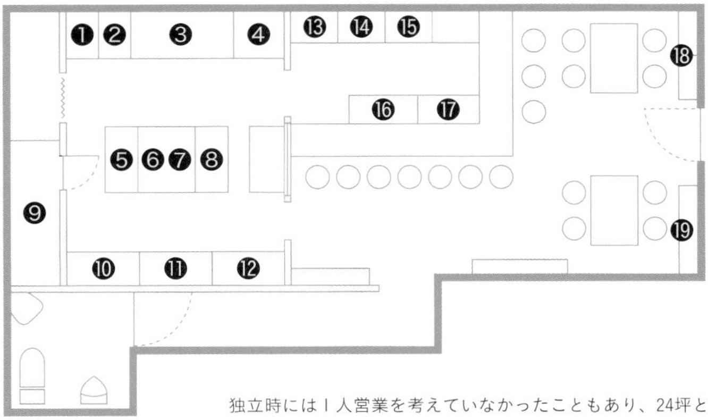

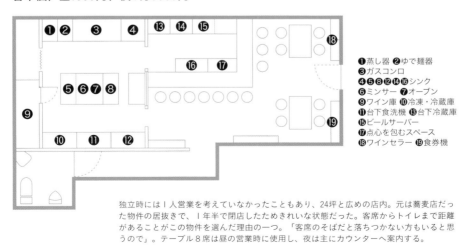

❶蒸し器 ❷ゆで麺器
❸ガスコンロ
❹❺❽⓬⓮⓰シンク
❻ミンサー ❼オーブン
❾ワイン庫 ❿冷凍・冷蔵庫
⓫台下食洗機 ⓭台下冷蔵庫
⓯ビールサーバー
⓱点心を包むスペース
⓲ワインセラー ⓳食券機

独立時には１人営業を考えていなかったこともあり、24坪と広めの店内。元は蕎麦店だった物件の居抜きで、１年半で閉店したためきれいな状態だった。客席からトイレまで距離があることがこの物件を選んだ理由の一つ。「客席のそばだと落ちつかない方もいると思うので」。テーブル８席は昼の営業時に使用し、夜は主にカウンターへ案内する。

よいパフォーマンスを保つため、夜は同一時間の入店を２組までに

「自分１人で鍋をふっておいしい料理を作れるのは４名まで」との考えから、夜は同じ時間帯の入店を２組（最大４名）までとしている。また、予約は電話のみで受け付けており、厨房にある子機で対応。「インターネットの予約サイトから運用の打診を受けることもありますが、管理の手間を考えて使用していません」

七輪よりも一度に調理できる量が多い炭火の焼き台を導入

2021年6月に、皿洗い中に手をけがしてしまった小松氏。鍋を持てない時期に、チャーシューをはじめ炭火焼きの料理を増やすべく新たに導入した。それまで七輪を使用してチャーシューなどを焼いていたが、一度に少量しか焼けないため営業前から少しずつ火入れをする必要があった。導入後はお客が来てからまとめて焼けるように。

厨房と客席の間をガラス窓に改装し、調理中もお客の様子を確認

18年のリニューアル時にはすでにワンオペ体制だったため、「1人でも営業しやすいように」という目線で改装を行なった。厨房と客席の境目にあった壁を取り払い、ガラス窓を設置したのもその一つ。見晴らしがよくなり、厨房で調理を行なっている最中も、客席に出ることなくお客の様子を確認できるようになった。

裏返したバットを鉄板代わりに。省スペースでソースを温める

これまで直径42cmの中華鍋を用いてソースを温めていたが、店にあった耐熱バットを裏返してガスコンロの上に置き、そこに小さなサイズのソースパンを複数のせるように。省スペースで複数のソースを同時に温められるため、効率よく調理できるようになった。「八丁堀の『シック プテートル』で食事をした際に見かけ、取り入れたアイデア」

厨房と客席の間にあった段差をなくし、広い店内でも動きやすく

もともと厨房より客席のほうが30cmほど床が低く、客席に出る際は段差を昇り降りする必要があった。リニューアル時に客席の床を上げ（写真左）、厨房との行き来における移動のストレスを軽減。床を上げたぶん店舗入り口に階段を設け（同右）、雰囲気のある外観に。「とくに昼の営業後に感じていた肉体的な疲労が軽減されたように思います」

スープの仕込みは蒸籠を使用し、昼の営業から材料を入れっぱなしに

夜のコースで必ず提供するスープ料理は、親鶏のオスとメスをぶつ切りにして蒸籠で蒸してベースを作る。昼の営業中から5時間火にかけておけばよく、手間のかからない品。「煮込むより工程が少なくて済むため、基本的にスープは蒸して作っています」。写真はメスの親鶏のみで、これにオスのぶつ切り、昆布、ショウガなどを加えてエキスを抽出する。

毎朝の豊洲市場通いは前後にカゴの付いた電動自転車で

「新聞配達にも使われている」という電動アシスト付きの自転車。前後に大きなカゴが付いていて、通常の自転車よりも多く荷物を積み込むことが可能。この自転車に乗って毎朝、片道30分かけて豊洲市場へ行き、仕入れを行なう。小回りがきくうえに、店の前に停められることもメリット。

温度管理のしやすい低温調理器で温度卵を仕込む

昼のトッピングとして人気の「温泉卵」(100円)は、毎朝の仕込みで20～25個ほど作る。「これまでは沸騰した鍋に温度計を入れ、いちいち温度を確認しながら作っていましたが、面倒に感じて低温調理器を購入しました」。他にも、繊細な火入れが必要とされるレバーやマスをはじめ夜の料理でも活躍している。

カウンターで点心を包み、調理時間の場つなぎとする

客席の約半分のスペースを占めるL字型カウンターは、リニューアル時に作ったもの。点心の提供時には、入り口に近いほうのスペースで皮を包み、ライブ感を演出する。調理時間の場つなぎとしつつ、単に仕込んだものを提供するのではなく、点心や一部の前菜をお客の前で調理することで、調理の過程も楽しんでもらう狙いだ。

「聞かれたら答える」というスタイルで、自分からは積極的に話しかけない

「営業中はできるだけ料理に集中したい」という考えから、提供時の説明は主素材などごく簡潔に留め、それ以上は聞かれたら答えるというスタイルを採る。「常連のお客さまとは会話が弾むこともありますが、私の顔が怖いのか(笑)、初めての方に声をかけていただくことはあまりありません」

昼の営業は食券機を導入し、接客の時間を短縮

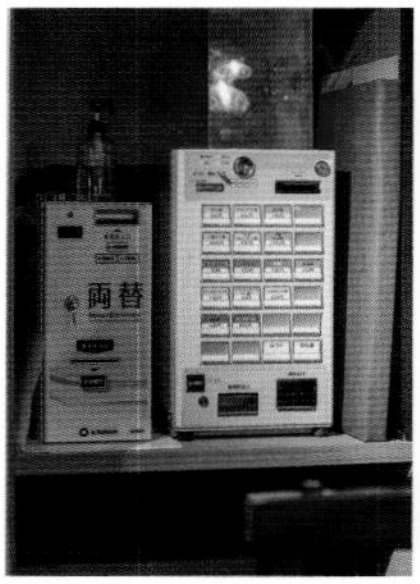

「担々麺」をはじめ、昼の麺料理は３種合計で１日100杯も注文が入る。２名のパートとともに接客と調理をまわしているが、効率を上げるため約10年前に食券機（写真左）を導入。食後に会計を行なっていた頃に比べると、手間と時間が短縮された。また、スタッフの声から両替機も導入。どちらも夜は使用しないため扉を閉めて隠す（同右）。

グラスワインは赤・白１種ずつとし、ボトル注文のみ数種類を提示

ドリンクメニューは生ビール、ワイン、紹興酒の３種。ボトルワインは在庫が日々変わるためリストは作らず、好みを聞いて数種類を提案する一方、グラスはロスを抑え、注文を簡潔にすべく赤・白１種ずつに絞る。とくに自然派ワインの品揃えが豊富で、「口コミの効果か、最近、注文が増えています」と小松氏。

前菜を数パターンイメージしておき、仕入れ状況やお客の選ぶメイン次第で即座にコースを組み立てる

前菜２品は常に頭の中で８種類ほどイメージしておき、仕入れ状況やお客が選んだメイン料理によって最適な品を提供。また、予約時に苦手な食材を必ず聞くものの、来店後に言われることもあるため、あらかじめメニューを決めていないという。そのためメニュー表は用意しておらず、メインのみ提示して選んでもらう形式を採る。

メイン２品は選択制にして、可能な範囲で「選べる楽しみ」を演出

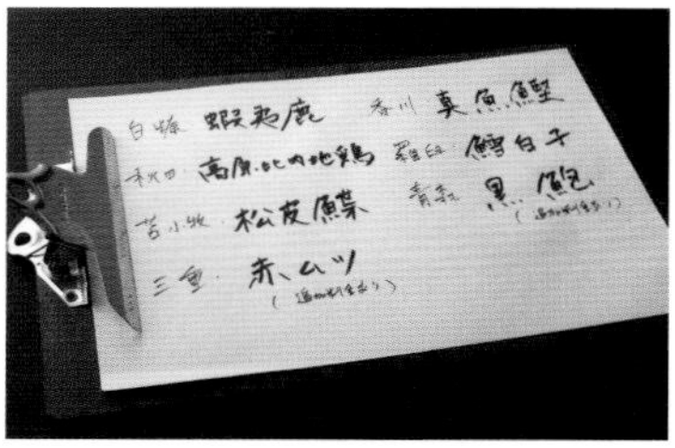

夜はおまかせコース１本だが、メインは肉料理と魚料理の約７品からお客が２品を選択。「同じ料理をいっぺんに作って提供するのではなく、お客さま一人ひとりに合わせて違う料理を作りたい」という考えから、お客に選ぶ楽しみを与える。なお、メニューは仕入れ状況や季節によって変わる。

どれだけ忙しくても当日中に皿洗いと掃除を終わらせ、翌日には持ち越さない

夜の営業後は皿洗いの他、厨房から客席まで２時間かけて掃除を行なう。「その日の汚れはその日のうちに掃除をしないと落ちにくくなる」ため、疲れている時は10分間の仮眠を６度ほど挟みながらでも終わらせて帰宅。改装した際に白く塗り直した厨房の壁も、２日に１回は欠かさずふき掃除を行ない、清潔な状態を保つ。

小松氏のある日のスケジュール

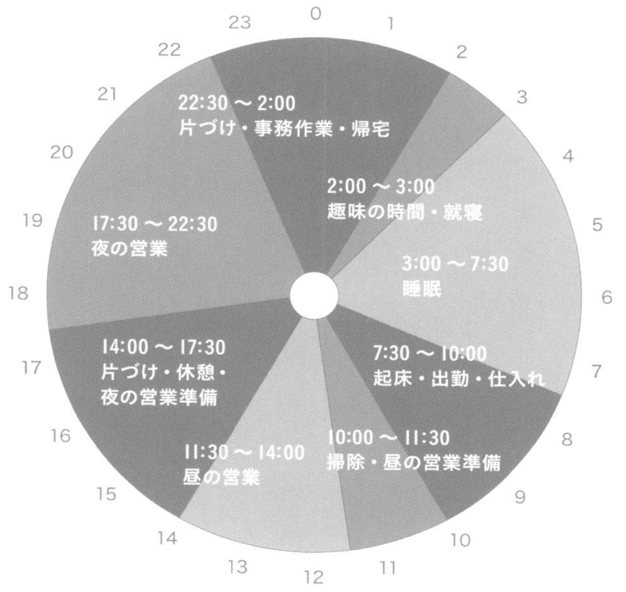

7:30 〜 10:00
起床・出勤・仕入れ

８回ほどアラームを鳴らして起床。8時に家を出て、自転車で豊洲市場へ。魚介類を中心に仕入れを行なう。

10:00 〜 11:30
掃除・昼の営業準備

果物を食べつつ営業準備をはじめる。昼のみのパート２名も10時すぎに出勤。

11:30 〜 14:00
昼の営業

調理は小松氏が行ない、接客と皿洗いをパート２名が担当してお客をさばく。

14:00 〜 17:30
片づけ・休憩・夜の営業準備

パート２名は15時に退勤。糖質制限中のため、余った担々麺のスープと野菜で腹ごしらえ。1時間ほど休憩をとり、20分間仮眠。

17:30 〜 22:30
夜の営業

１日平均８〜10名の来客に対し、１人で接客と調理を担当。そのつど洗い物をしたいものの、状況次第では営業終わりまで手がまわらないことも。

22:30 〜翌2:00
片づけ・事務作業・帰宅

疲れている日はごく短い時間の仮眠を何度も挟みながら片づけを行なう。ガラス窓越しにお客から厨房がよく見えるため、営業後の掃除は必須。なお、この時間には集中力が切れているため、翌日の仕込みは行なわないようにしている。

2:00 〜 3:00
趣味の時間・就寝

帰宅後、YouTubeで動画を見るなど趣味の時間をすごす。4時間睡眠をめどに、翌日の起床時間から逆算して就寝。市場が休みの水曜は9時半まで睡眠をとる。

営業時間／11:30 〜14:00、17:30 〜22:30
定休日／月曜

A

骨抜き鱧のネギ油和え

梅雨明けから11月頃まで提供する一品。今シーズンは例年より長く提供しており、この日が最後のハモ。「ハモの旬は夏だと思っている人が多いが、実は秋〜冬が一番脂がのっていておいしい」と小松氏。１本ずつ骨を抜いたハモを中華鍋で半生に焼き、骨切りとはまったく異なる触感に仕立てていることが特徴。京ナバナとともにネギ油で和え、香ばしい香りを添える。

B

鯖のチャーシュー

新たに導入した炭火の焼き台で作る一品。サバに限らず他の魚や肉でも“チャーシュー”を作るが、「素材に合わせてタレを使い分けている」。サバは肉と同じ味噌ダレを使用しており、魚によっては醤油ベースのタレを用いることも。漬け焼きの際のタレは、白味噌、白腐乳、甜麺醤から柱侯醤を作り、砂糖、醤油、塩、カラメル、赤腐乳、玫瑰露酒と混ぜて作る。サバをタレに２時間浸けて仕込んでおき、提供直前に炭火で焼いて仕上げを行なう。

C

小籠包

餡は、国産の豚のスネ肉を蒸籠で蒸して抽出したゼラチンに、きざんだ金華豚の肩ロース肉と青ネギを混ぜ合わせて作る。「一般的に使用する豚の皮ではなく、スネからゼラチンを抽出するため、濃厚になりすぎず、クリアな旨みが出ることが特徴」。なお、コースで提供する点心料理は、小籠包、焼売、餃子の３パターンがあり、仕入れの状況と小松氏の気分で提供する品を決定。演出効果を狙い、客前で生地をのばして包むところを見せる。

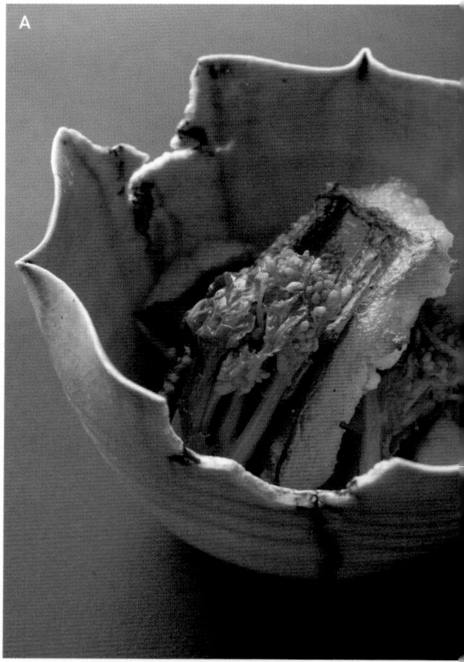

D

親鶏と旬野菜のスープ

「中国料理のコースに倣い、当店でも必ずスープ料理を入れている」と小松氏。具材は季節によって変わるものの、スープは定番でぶつ切りにした親鶏のオスとメス、昆布と少量のショウガを加えて蒸籠で5時間蒸し、塩で味をととのえて作る。この日の具材はギンナンの練りもの、ナメコ、ハマグリ。ギンナンはミキサーにかけて裏漉ししたのち、鍋で練って成形。米粉を付けて中華鍋で揚げる。ハマグリは茨城県・鹿嶋産で、「身が大きくて味が濃い」

E

担々麺

昼の営業で一番人気の品。親鶏のオスとメス、昆布、シイタケを寸胴で煮込んで作ったスープを基本とし、その時々でネギやショウガなどを加える。開業時から提供しているが、スープに入れる黒酢の量を調整するなど、味つけは徐々に変化させている。麺は、担々麺としては太めの約3.5mmのものを使用。「一般的には細麺が多いと思いますが、太いほうが麺自体の風味も味わえておいしいんじゃないかと思って」と小松氏。

個室でもてなすゲストは5名2組まで。
試行錯誤を重ねて行き着いた、
“1人ガストロノミーレストラン”

20 mori

mori

住所／東京都渋谷区恵比寿南1-14-2
タイムゾーンビル3階
電話／090-9847-6299
http://www.mori-ebisu.jp

{ 東京・恵比寿 }

2007年、東京・恵比寿で開業。当初はスタッフ数人とともに営むカジュアルな店だったが、18年ワンオペに移行。1人で質の高い料理とサービスを提供するために夜営業に絞り、客数も5名2組までに制限する。厨房と客席を完全に仕切り、カウンター仕様・テラス付きとタイプの異なる個室2室を用意。キャヴィアやトリュフといった高級食材をふんだんに盛り込んだ、価格幅の広いおまかせコース6本（1万8900円～9万9000円）を揃え、華やぎのある“1人ガストロノミーレストラン”をめざす。

森 茂彰

1976年北海道生まれ。調理師学校卒業後、「タイユバン・ロブション」などで修業。渡仏し「ジャンバルデ」などミシュランの星付きレストラン数軒で経験を積む。帰国し、2007年に「モリ ラ・ベル・ブラッスリー」を開業。14年に店名を「mori」と変えてリニューアル。

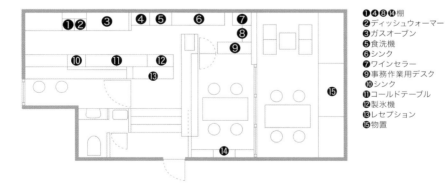

1　2名客専用のカウンター個室。目の前の冷蔵庫は布で目隠しし、非日常感を高めている。厨房をカーテンで仕切り、森氏は料理提供時のみ客前に出る。2　恵比寿駅から徒歩5分ほどの人通りの少ない閑静な通り沿いのビル3階に入居。3　テラス付き個室。森氏は左手奥の扉から出入り。テラスも個室客に開放しており、暖かい季節は好みでデザートや食後の時間をすごしてもらう。4　3坪ほどの厨房。

店舗面積／21坪（うち厨房3坪、テラス8坪）
席数／カウンター個室1室（2席）、ガーデンテラス付き個室1室（2～4席）
客単価／4万8000円

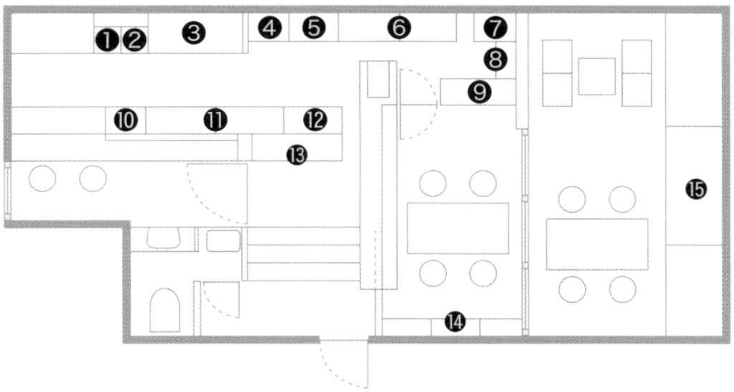

❶❹❽⓮棚
❷ディッシュウォーマー
❸ガスオーブン
❺食洗機
❻シンク
❼ワインセラー
❾事務作業用デスク
❿シンク
⓫コールドテーブル
⓬製氷機
⓭レセプション
⓯物置

入り口ドアの正面にレセプションの小テーブルがあり、左にカウンター個室、右にテラス付き個室。カウンター個室に通じるドアは、ワンオペで2組限定にするにあたり設置した。レセプションの奥が厨房だが、カーテンによりお客からはいっさい見えない。カウンター個室と厨房もカーテンで仕切り、森氏は営業中は極力厨房から出ず、プライベート空間の演出を徹底。

予約サイトは数を絞り ダブルブッキングを防ぐ

外部予約サイトを使用し、よく質問される点を含め予約に関する細かな説明を記載。その他、利用目的、メッセージプレートなどのオプションの要不要など、細かい質問を設定して来店時に備える。以前は３社のサイトを契約していたが、利用頻度の低いものを解約し２社に絞った。そのうち１社は店からの承認で予約成立するタイプの契約としてダブルブッキングを防ぐ。電話予約に比べ「時間が大幅に削減できる」と森氏。

予約の電話はスマートフォンを 活用し、顧客情報を管理

予約はネット経由が６割、電話が４割。電話は店専用のスマホを使用する。スマホは着信履歴からそのままアドレス帳に登録でき、来店後はアレルギー、好み、飲んだワインといった細かな情報も入力できるため顧客情報の管理がしやすい。急ぎの連絡手段として、お客が電話に出られなかった際にメッセージを送れる点も重宝しており、とくに繁忙期のリコンファームにはおおいに活躍。

収納棚を増やして厨房を整理。 作業スペースを確保する

厨房は３坪ほど。木製の盛りつけ台の前が、営業中の森氏の定位置だ。以前はよく使う道具や書類を作業台に出していたが、「仕込みや盛りつけのスペースを作るために毎回片づける時間が無駄」と、現在はすべて収納。作業台にものがない状態を基本とし、それにより「作業効率が上がった」と森氏。収納スペースを確保するため、「３年間使わなかったものは今後も使わない」と什器や道具を処分し、カウンター席上の吊棚などを増やした。

食材の在庫表を作り 数える時間を省く

食材やソースの在庫数を、すべて１人分単位で表にして管理する。仕込みの最初に当日使用する食材をすべてバットに取り出し、表の数字をその分減らすことで、実際にカウントする時間を削り、在庫も一目で把握。

ホワイトボードにするべき作業を 書いてやり残しを防ぐ

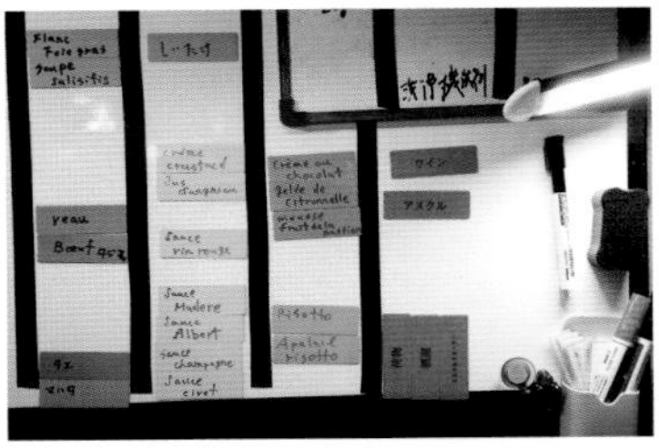

その日に必要な仕込みを一つずつタグに書き出してホワイトボードの左半分に貼り、終わったものは右半分に移し、終わっていない作業を可視化。整理に時間がかかるうえ忘れがちな食材等の納品予定は目立つ赤タグで貼っておく。

フォンなどは製氷皿で凍らせ小分けストックする

ソースで多用するフォン・ド・ヴォー、グラス・ド・ヴィアンド、赤ワインソースは、使う分をすぐに取り出せるよう製氷皿で小分けにして冷凍。大きく冷凍したものをカットする際に生じる、包丁やまな板、手を洗う時間を削減。

忘れがちな営業前・営業中の作業をタグ管理

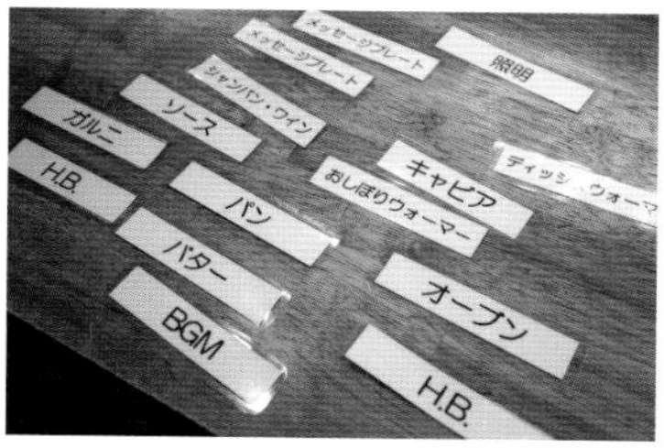

客席の準備や日々のルーティン作業をすべてタグにプリントし、終わったタグはしまっていく。バースデープレートや料理の仕上げに添える食材など営業中に忘れがちなものも、使用する皿の上などにタグをのせてつけ忘れを防止。自分以外に注意する人がいない「ワンオペの弱点」が解消でき、作業が済んでいることが一目で確認できる点も安心感につながっている。

メニュー表には料理の簡潔な説明を載せ、お客に合わせたサービスを心がける

メニュー名の他、イメージをしづらい素材や調理法に簡潔な説明文を添え、お客から質問があれば詳しく説明。森氏が客席に留まる時間を短縮できるとともに、ビジネス用途などで料理説明が望まれない場面でも表が役立つ。

客席に呼び鈴を設置し必要な際は鳴らしてもらう

お客のタイミングで呼び出してもらえるよう、各個室に呼び鈴を設置。最初は「安っぽくなるかもしれない」とも考えたが、逆にかけ声で店内の雰囲気が崩れる心配がなくなり、店員に声をかけることが苦手なお客にも好評。

ワインリストは価格を明確に表示し簡単な説明も添える

お客が選びやすいよう、すべてのワインに価格と簡潔な説明を記し、その時季のおすすめリストも用意。お客に相談された場合も、まずリストの情報に対するお客の反応を伺い、好みや予算感を探りながらすすめることでスムーズに注文が決まる。

グラスワインは数を絞り、ボトルワインを主体とする

温度や時間の経過によるワインの味わいの変化を好む森氏。店でもその魅力を提案したいとボトルを主体とし、グラスは白、赤、シャンパーニュ各１種に絞っている。基本的に森氏がサーブし、その際客席の様子も確認。

営業中のグラスワインはワインクーラー＋冷蔵庫で管理

以前は営業中、グラス用の白ワイン、シャンパーニュともに氷水に浸けて冷やしていた森氏。注ぐ度にボトルの水滴をぬぐう作業に数秒を要するため、氷水をやめてル・クルーゼのワインクーラーを被せて冷蔵庫に保管することに。氷水で冷やすのと同程度の冷たさを保てて、時間の短縮にもなった。

コースは価格の大きく異なる6種類を用意し、お客の都合に応える

コースは1万8900円、2万3900円、3万3000円、4万5000円、6万6000円、9万9000円の6本。高価格のコースもあえて「相談」とせず金額を明示して選んでもらうことで、お客の予算感との一致を図る。キャヴィアやトリュフ、季節の野菜などコースで共通の食材がいくつかあり、使う量、調理で価格にふさわしい仕立てとしてロスを減らしている。

営業中はふくらはぎのサポーターを着用

数年前、過密スケジュールで立ち眩みを経験した森氏。とくにワンオペは代わりがいないため、疲れをためない工夫が必要と痛感。ふくらはぎに圧力をかけるサポーターで立ち仕事による血行不良を和らげる。

ア・ラ・ミニッツの料理と手早く出せる料理をバランスよくコースに組み込む

コースは、ゆでたての野菜や魚・肉のローストなどア・ラ・ミニッツの料理と、手数が少なく料理や盛りつけをある程度準備しておける料理を組み合わせ、流れに緩急をつけながら厨房のオペレーションもスムーズにしている。

洗ったカトラリーは翌日使う分を箱にセット

シルバーを洗浄してふき上げたら、各個室用のシルバー専用箱へ入れ、翌日の予約人数分のセットを作る。営業時はその箱からサービスし、料理ごとに引き出しなどから数えて取り出す時間を短縮。

掃除はルンバやブラーバを活用

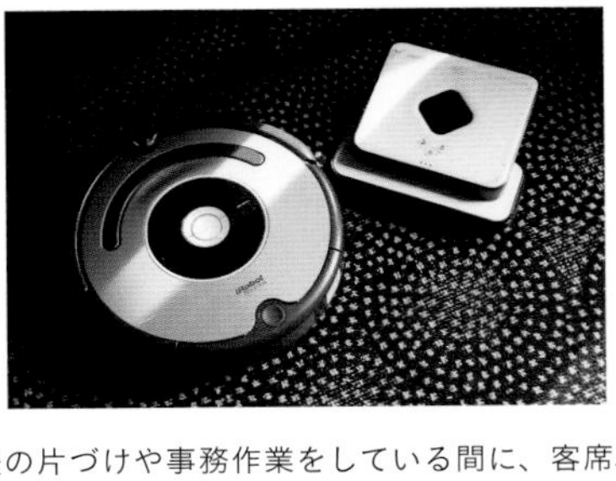

営業後の片づけや事務作業をしている間に、客席、エントランスの床をロボット掃除機のルンバやブラーバで掃除。床ふきロボットのブラーバには、衛生面を考慮し使い捨てのふき掃除用シートを使用。「ボタンを押すだけで掃除してくれて助かる」と森氏。

森氏のある日のスケジュール

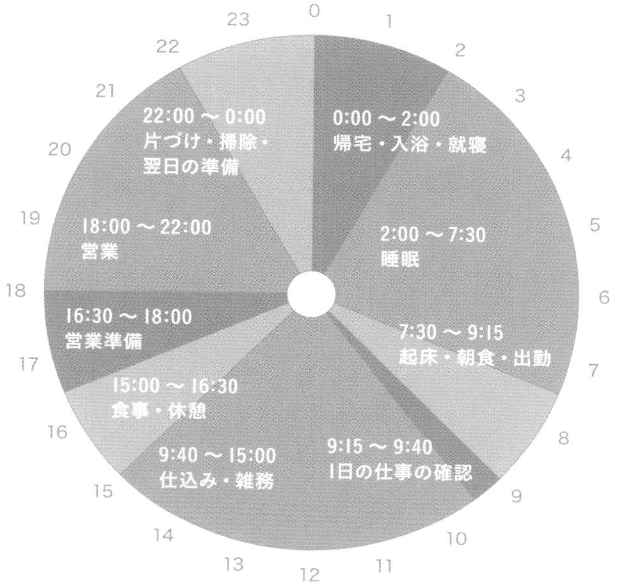

7:30〜9:15
起床・朝食・出勤

早めに起き、1日の中で唯一家族が揃う朝食の時間をゆっくりとすごす。子供を保育園に送りそのまま出勤。自宅から店までは自転車で直行すれば7〜8分。

9:15〜9:40
1日の仕事の確認

椅子に座り、コーヒーを飲みながらその日の予約や仕込みを確認し、メニュー表を印刷。ニュース、経済、天気などをチェック。

9:40〜15:00
仕込み・雑務

フォン、ソースベース、付合せ、肉、魚など、営業まで状態の変わりにくいものを仕込む。ソースはすぐに温められるよう小鍋に分けておく。食材やワインの納品があれば、冷蔵庫やセラーに整理して入れる。

15:00〜16:30
食事・休憩

日によって休憩時間をあまりとれないこともあるが、仮眠は食事の後に必ずとる。わずかでも眠ることで心身の疲れが和らぎ、営業中の料理・接客に集中できる。

16:30〜18:00
営業準備

分離しやすいソースなど提供直前が望ましい仕込みと、客席準備、店内音楽、空調、照明等の最終チェックをし、開店。

18:00〜22:00
営業

お客のペースに合わせて、ワンオペと感じさせないテンポのよさを意識して調理しサービスを行なう。余裕があれば洗いものもこまめに済ませ、閉店後の作業を減らす。

22:00〜翌0:00
片づけ・掃除・翌日の準備

厨房の片づけ、掃除、食洗機での什器洗浄、アルコール消毒、発注確認、ごみ捨てを行ない、客席の床はルンバやブラーバで掃除。翌日すぐに仕込みに入れて、時間的な余裕を持ち不意のことにも対応できるよう、トイレの掃除や客席のセッティングも営業後にすべて済ませる。一度座ると気が緩み作業に戻れなくなるため最後まで座らない。

00:00〜2:00
帰宅・入浴・就寝

帰宅後入浴し、妻の作った料理を食べながら軽く晩酌。家では店や料理のことは考えずにリラックスし、気持ちをリセットして翌日の英気を養う。翌朝ゆとりある朝食の時間をすごすため、極力早く就寝する。

営業時間／18:00〜22:00（最終入店19:00）　定休日／日曜、他不定休

A

オータムトリュフのサラダ

常連客にもメニューからはずさないよう希望される、ワンオペ移行前からの人気の品。グリーンカールをイワシの魚醤のヴィネグレットで和え、その上に秋トリュフのスライスを覆うようにたっぷりと削りかける。野菜は1種に絞りシンプルな仕立てにすることで、トリュフの芳醇な香りを引き立てる。夏はサマートリュフやオーストラリア産の黒トリュフなど、時季ごとに良質なトリュフを選び通年提供。

C

D

B

ピエモンテ産白トリュフと
長崎県対馬産ノドグロ
フランス産セップ茸 ボルドレーズ風
シャンパンソース

厚切りのセープに、皮目をカリッと焼いた熱々のノドグロのポワレを重ね、白トリュフのスライスをたっぷりのせて香りを立たせる。セープは営業直前にグリエして、ガーリックバターと揚げたエシャロット入りのパン粉をのせるところまで仕込み、提供のタイミングに合わせてローストし、パセリをふる。ソースはエシャロットとシャンパーニュを煮詰めて生クリームを加えたもので、少量のバターでモンテ。これも分離しやすいため仕込みは営業直前。

C

トラフグの白子のムニエル
里芋のムースリンヌ

トラフグの白子の下にクリーミーなサトイモのムースを敷き、触感の一体感を楽しませるとともに、サトイモの自然な甘みで白子のリッチな風味をふくらませる。ムースはサトイモを蒸して生クリームとともにフード・プロセッサーで撹拌。1人分のポーションに分け、提供前にウォーマーで温めておく。白子は塩水で血抜きしながら塩を含ませ、粉はまぶさずにニンニク風味の澄ましバターで表面の薄皮をパリッと香ばしく焼き上げる。トリュフのヴィネグレットでアクセントの酸味を添え、白子にニンニク風味の澄んだ焦がしバターを塗り、香りを重ねる。

D

シストロン産仔羊 ノワゼット
ローズマリーとシナモンのソース

背側の脂身をきれいにはずしたフランス・シストロン産仔羊の背肉をオーブンでローストし、仕上げにニンニク、タイム、ローズマリーとともにクリアな焦がしバターでアロゼ。ソースは肉の焼き上がりのタイミングに合わせて、グラス・ド・ヴィアンドをシナモンスティック、ローズマリーとともに煮詰めて香りを移し、バターモンテする。付合せは86℃の湯でゆでてしっとりと仕上げたジャガイモで、丸く抜いて営業開始後にウォーマーへ。シェリーヴィネガーのドレッシングをかけ、ペルシヤードをふる。基本的にア・ラ・ミニッツの仕立てだが、付合せを温めるのにウォーマーを活用して手数を減らし、スムーズに提供する。

番外編

今だから言える「こうしておけばよかった！」ことは？

最後に、ワンオペ営業を続けた今だからこそ言える、
「もっと、こうしておけばよかった」と感じることについて聞いた。
経験者たちのリアルな声は、ワンオペ店を成功させるうえで必ずや参考になるだろう。

“営業中、使った皿やグラスを
置いておけるバックヤードを
作るべきだった

“コース価格を
安く設定しすぎたせいで、
「お客さんが入っているのに
利益が出ない」状態に

“生ビールサーバーは
こまめな洗浄が不可欠だし
場所もとるので、
瓶だけでよかったかも

“ホームページを
業者に依頼して開設したが、
無料のＳＮＳだけで充分だった

“カウンターだと３人以上の予約が入りづらい。
小さくてもいいから
テーブル席を作るべきだった

開業当初は自家製にこだわったが、
時間がいくらあっても足りず……
うまく既製品を取り入れるべきだと気づいた

厨房内の自分が動くスペースは、
もっと幅が狭くてよかった。
何しろ人とすれ違うことがないので

収納はもっとあっても
よかった

食洗機を設置するべきだった。
営業後の皿洗いだけで
時間がかかるため導入したいが、
置く場所がない

ワンオペは酒の知識も必要。
修業中にもっと
勉強しておくべきだった

もっと駅から離れた場所でもよかった。
今はどこだろうと、
お客さまがSNSなどを見て
来てくれるので

ワンオペ完全マニュアル

バル・ビストロ・レストラン
20店が実践する一人で店をまわすための仕事術

初版印刷　2022年8月1日
初版発行　2022年8月15日

編者©　柴田書店
発行者　丸山兼一
発行所　株式会社柴田書店
　　　　〒113-8477　東京都文京区湯島3-26-9 イヤサカビル

電話　営業部 03-5816-8282（注文・問合せ）
　　　書籍編集部 03-5816-8260

URL　https://www.shibatashoten.co.jp

印刷・製本　公和印刷株式会社

ISBN978-4-388-06354-3